Horst Krüger

Die Decke über Israel und den Nationen

Ein neuer Blick auf Römer, Kapitel 9 bis 11

Horst Krüger

Die Decke über Israel und den Nationen

n neuer Blick auf Römer, Kapitel 9 bis 11

LEUCHTER EDITION

Umschlaggestaltung: be-sign.net, Bernd Scheurer
Lektorat: Ingo Schreurs
Gesamtherstellung: Schönbach-Druck GmbH, Erzhausen

ISBN: 3-87482-260-5
Bestell-Nr.: 547.260

Leuchter Edition GmbH
Postfach 11 61
64386 Erzhausen
verlag@leuchter-edition.de
www.leuchter-edition.de

Inhaltsverzeichnis

Als Mose aufgehört hatte, mit ihnen zu reden, legte er eine Decke auf sein Gesicht. Sooft Mose vor den HERRN hineinging, um mit ihm zu reden, legte er die Decke ab, bis er hinausging. Dann ging er hinaus, um zu den Söhnen Israel zu reden, was ihm aufgetragen war. Da sahen die Söhne Israel Moses Gesicht, dass die Haut von Moses Gesicht strahlte. Dann legte Mose die Decke wieder auf sein Gesicht, bis er hineinging, um mit ihm zu reden.

2. Mose 34,33-35,1

Wir tun nicht wie Mose, der eine Decke über sein Angesicht legte, damit die Söhne Israels nicht auf das Ende des Vergehenden blicken sollten. Aber ihr Sinn ist verstockt worden, denn bis auf den heutigen Tag bleibt dieselbe Decke auf der Verlesung des Alten Testaments und wird nicht aufgedeckt, weil sie nur in Christus beseitigt wird. Aber bis heute, sooft Mose gelesen wird, liegt eine Decke auf ihrem Herzen.

2. Korinther 3,13-15

Da wird der Mond schamrot werden und die Sonne sich schämen. Denn der HERR der Heerscharen herrscht als König auf dem Berg Zion und in Jerusalem, und vor seinen Ältesten ist Herrlichkeit … Dann wird er auf diesem Berg die Hülle verschlingen, die das Gesicht aller Völker verhüllt, und die Decke, die über alle Nationen gedeckt ist.

Jesaja 24,23; 25,7

Vorwort

Die Begegnung mit Juden – ob auf einer Israel-Reise oder hier zu Hause – lässt uns Christen aus den Heiden oft an den berühmten, meist falsch zitierten Satz von Paulus (2Kor 3,14-15) denken: *Bis auf den heutigen Tag bleibt dieselbe Decke auf der Verlesung des Alten Testaments und wird nicht aufgedeckt, weil sie nur in Christus beseitigt wird. Aber bis heute, sooft Mose gelesen wird, liegt eine Decke auf ihrem Herzen.* Es ist gut, diesen Satz genau zu kennen. Dennoch sollten wir nicht vorschnell annehmen, uns ginge es besser als den Juden. Sagt Jesaja 25,7 doch: *Dann wird er auf diesem Berg die Hülle verschlingen, die das Gesicht aller Völker verhüllt, und die Decke, die über alle Nationen gedeckt ist.* Das gilt für die messianische Zeit ... Nur *in Christus* wird sie zuvor schon weggetan – das gilt für Juden und Nicht-Juden gleichermaßen. Und könnte es sein, dass die Decke der Nicht-Juden womöglich mit deren Überheblichkeit gegenüber den Juden zusammenhängt? Eine spannende Frage. Darum der Titel dieses Buches.

Die Tagesereignisse sind uns weitgehend bekannt. Auch die guten und weniger guten Kommentare dazu. Einige Themen bleiben unter Christen ständig in der Berichterstattung und in der Diskussion: Israel und der Terror, Hintergründe zur Verfolgung Israels durch die Kirche und Israels Status nach Römer 9 bis 11. Auch Israels Versäumnisse im AT und NT und seine derzeitige, aber vorübergehende, mangelnde Sensibilität gegenüber dem Auftrag Gottes zählen dazu. Aber Petrus, Jakobus und Paulus hatten auch gravierende Probleme zu überwinden, wenn sie das Evangelium ihres Meisters an Nicht-Juden weitergaben.

Bei der Bearbeitung der Gedanken in diesem Buch war mir die Gemeinschaft mit meinen Brüdern von der Jerusalem School of Synoptic Research in Jerusalem überaus wertvoll. Mein Dank geht hier an meine Freunde David Bivin, Halvor Ronning und Dr. Randall Buth, gleichzeitig auch an alle Freunde, deren Rat und mitunter nicht unkritische Hinweise ich sehr schätze. Und ohne die große Geduld meiner lieben Frau Hildegard hätte ich diese Arbeit kaum tun können. Ein herzliches Danke auch an sie.

Horst Krüger
Großmoor, Februar 2006

Die Widersprüchlichkeiten

So erkenne denn … ein halsstarriges Volk bist du. Denke daran, … wie du den HERRN, deinen Gott, in der Wüste erzürnt hast! Von dem Tag an … seid ihr widerspenstig gegen den HERRN gewesen … eine verkehrte und verdrehte Generation – nicht seine Kinder sind sie, sondern ihr eigener Schandfleck …

Glücklich bist du, Israel! Wer ist wie du, ein Volk, gerettet durch den HERRN, der der Schild deiner Hilfe und der das Schwert deiner Hoheit ist? (5Mo 9,6-8; 32,5-6; 33,29)

Das Heil kommt von den Juden. (Jh 4,22)

Und als er sich näherte und die Stadt sah, weinte er über sie und sprach: Wenn auch du an diesem Tag erkannt hättest, was zum Frieden dient! (Lk 19,41)

Jerusalem, Jerusalem, die da tötet die Propheten und steinigt, die zu ihr gesandt sind! Wie oft habe ich deine Kinder versammeln wollen, wie eine Henne ihre Küken versammelt unter ihre Flügel, und ihr habt nicht gewollt! Siehe, euer Haus wird euch öde gelassen; denn ich sage euch: Ihr werdet mich von jetzt an nicht sehen, bis ihr sprecht: „Gepriesen sei, der da kommt im Namen des Herrn!“ (Mt 23,37-39)

Israel ist widersprüchlich! Gesegnet und halsstarrig zugleich. Zur Erlösung berufen und dazu, die Erlösung der ganzen Welt zu verkünden, und doch gefangen – sowohl in Religiosität als auch in Gottesferne. Ein guter Grund, Israel mit den Augen der Schrift zu sehen und es nicht zu einem Idol oder Fanartikel zu degradieren. Gott offenbart sich durch Israel, aber nicht alles ist göttlich, was da geschieht. Vieles bleibt unverständlich. Israel ist ein semitisches Volk mit semitischer Denkweise – trotz einer viele Jahrhunderte alten abendländischen Tradition. Wir haben von Griechen und Römern eine andere Denkart gelernt und können mit Gegensätzlichkeiten weniger gut umgehen als Semiten. Ein wichtiger Grund, warum die Bibel für uns oft widersprüchlich erscheint. Ein Grund aber auch, uns mit ihrem Denken zu beschäftigen.

Widersprüchlich ist, wenn Gott Abraham verspricht, ihn zu einer großen Nation zu machen, und Sara zugleich unfruchtbar ist. Auch Rebekka, Isaaks Frau, und Jakobs Lieblingsfrau Rachel sind unfruchtbar. *Gib mir Kinder!,* schreit Rachel Jakob an. Scharf gibt er zurück: *Bin ich Gott?* Die Nachkommenschaft wird zum Volk. Doch nicht im verheißenen Land, sondern in der Fremde, in Ägypten, in bitterem Sklavendasein. Gott macht von vornherein klar: Abraham, Israel, alle, die IHM glauben, bedürfen seines übernatürlichen Handelns, wenn sich seine Zusagen erfüllen sollen.

Die 40 Jahre nach der Befreiung – ein Auf und Ab. Mal Jubel, mal tiefste Depression. Das kennen wir aus unserem eigenen Leben. Da jauchzen sie (2Mo 15,18): *Der Herr ist König auf immer und ewig*! – und wenig später, trotz zahlreicher Wunder und Offenbarungen Gottes, tanzen sie um das Goldene Kalb.

Mose nennt Israel eine *verkehrte und verdrehte Generation* – und lobt es dann wieder in den höchsten Tönen: *Glücklich bist du, Israel! Wer ist wie du!* Beißender, vernichtender Tadel und glühende Liebe. Was stimmt? Höchste Bewunderung und bittere Enttäuschung? Israel fordert uns heraus, in unseren Gefühlen und im Urteil. Israel macht es allen schwer – Gott, Mose, den Propheten, Jesus, Paulus – uns, allen Völkern!

Dennoch: *Das Heil kommt von den Juden*. Ein Jude sagt das einer Samaritanerin. Es stimmt. Und sie ist nicht einmal beleidigt, sondern erlebt selbst dieses Heil, die Rettung. Wem ist für die Erlösung der Welt Verantwortung auferlegt? Israel! Was wüssten wir vom lebendigen Gott, der Erlösung und vom Messias ohne die Juden? *Unser Heil kommt von den Juden!*

Auch das stimmt: Durch die weltweite Verbreitung des Christentums ist auch Israel in diesem Schlepptau weltweit bekannt geworden. Zwangsläufig hat die christliche Botschaft immer wieder ihren Bezug auf Israel gehabt. Bei allen bitteren Verfolgungen im gottfernen christlichen Abendland hat Israel überlebt und ist in aller Munde!! Verstärkt seit 1948. Beide, Israel und die Bewegung Jesu, bezeugen durch ihr Dasein den lebendigen, den einen wahren Gott. *Alle Dinge bestehen auf Grund von zwei oder drei Zeugen* (5Mo 19,15).

Juden lehnen Jesus von Nazaret zwar als ihren Messias ab, dennoch entdecken sie in ihm zunehmend ihren größten Weisen. Sie sehen, wie genial er war, wirkte und im Kontext seiner Zeit lehrte. Von dem orthodoxen Juden Prof. Dr. David Flusser stammt das Wort: *Um die Geschichte und die Reden von Jesus zu erfinden, hätte man genialer sein müssen als er selbst.* Und in einer privaten Mitteilung an den Autor sagte er einmal: *Wer gerettet werden will, der muss auch tun, was Jesus sagt.* Juden deuten Jesu Worte oft besser als gläubige Heiden, z. B. ist das Wort von der Gnade Gottes – *chessed* – nicht ein spezielles Konzept der Kirche, sondern des Judentums! Sie verstehen *Werke der Gerechtigkeit* besser und wissen, was Jesus und Paulus damit meinen. Wir brauchen Israel und seine Sprache, um die Bibel besser zu verstehen. Das merken wir in Galiläa, in der Wüste, in Jerusalem, und wenn wir die Menschen dort erleben.

Ein einzigartiges Land, Erez Israel! Abraham hat noch keine Kinder, da sagt Gott: *Dieses Land gebe ich dir und deinen Nachkommen.* Israel hat diesen Bund unterschrieben. Und nie sein Land vergessen: *An den Wassern Babylons saßen wir und weinten, wenn wir an Zion dachten ... Wenn ich dich vergesse, Jerusalem, soll meine rechte Hand verdorren! Meine Zunge soll an meinem Gaumen kleben, wenn ich nicht an dich denke ...* (Ps 137,1-6). Aus seiner Heimat vertrieben, hat dieses Volk in Häusern und Kammern, in

Synagogen und Vernichtungslagern gebetet, heimkehren zu dürfen nach Zion, in Gottes Land, das er Israel gegeben hat, es zu besitzen. In dunkelster Aussichtslosigkeit grüßten sie sich: *Nächstes Jahr in Jerusalem – le schanah ha-ba'ah be Jeruschalajim!*

Erez Israel mit der Wüste und den fruchtbaren Feldern beweist, dass Gott lebt. Hierzu passt eine alte Geschichte aus einem Schtetl im Osten: Der Rebbe ruft die Juden zu einer bestimmten Zeit auf den Platz zusammen, um ihnen eine bedeutende Botschaft mitzuteilen. Sie kommen von weit und breit. Was wird er sagen? Der Rebbe erscheint zuletzt. Plötzlich erhebt er die Hand, weist mit dem Finger nach oben und ruft laut: *Es ist ein lebendiger Gott!* Schweigt – und geht.

Das Land Israel erhebt die Hand und verkündet: *Es ist ein lebendiger Gott!* Ohne das Land und ohne das Volk ist die Bibel ein Buch wie jedes andere. Niemals wird Israel sein Land aufgeben. Alles würde unglaubwürdig, wie Abraham J. Heschel schreibt: *Gott hat eine Vision. Die Bibel ist die Interpretation dieser Vision. Gott hat einen Traum. Israels Aufgabe ist es, diesen Traum zu interpretieren ... in unseren Tagen sind wir Zeugen einer Renaissance biblischer Ereignisse.*

Zwischen der Zerstörung im Jahr 70 und der Neugründung Israels im Jahr 1948 hat es auf diesem Territorium bei vierzehn Eroberungen in dreizehn Jahrhunderten nie auch nur einen einzigen eigenständigen Staat gegeben. Kein Volk – ob Römer, Mamelucken, Araber, Türken oder Engländer – hat je von Erez Israel geträumt, geschweige denn es besungen oder gar Literatur darin geschaffen. Wer wollte je mehr, als es nur besitzen und Macht ausüben, kontrollieren? Jerusalem steht nicht im Koran, auch nicht als Al-Quds. Israel misst kaum 2 % des Gebiets seiner arabischen Nachbarn! Und dennoch hält die Welt den Atem an, wenn Israel Schlagzeilen macht. Kein Fluss der Erde ist so bekannt wie der kleine, schmale Jordan; kein König wird so oft genannt wie David! Hunderte Millionen Christen wollen wenigstens einmal im Leben in Jerusalem sein.

Staunend nehmen wir eine nachgerade unglaubliche, einmalige geschichtliche Wirklichkeit wahr. Das Land hat sich nie mit auch nur einem einzigen der fremden Eroberer verbinden wollen. Verbittert zog es sich gegen alle Fremden in sich selbst zurück, versumpfte in den Ebenen und verdorrte auf den Hügeln und Bergen. *Bis die Zeit erfüllt war*, seine Kinder wieder aufzunehmen. Sie kehrten zurück und nahmen es neu in Besitz. Friedlich und ohne Waffen. Ohne Schwert, mit der Pflugschar, mit der Hacke, mit der Kraft der Muskeln, bis die Hoffnung – *Ha-tikwa*, *Die Hoffnung*, heißt auch die Nationalhymne – die ersten Früchte genießen konnte. Das Land erwachte aus seinem langen Schlaf, öffnete sich. Die Sümpfe trockneten aus, die tödlichen Mückenschwärme gingen ein, die Malaria erstarb, die nackten grau-braunen Höhen begannen zu atmen. Es wurde grün, Wälder, Gärten und Blumen, Felder, Kühe auf den Weiden. Und der Himmel spendet wieder Regen und Ertrag. Der Finger Gottes!

Wer waren diese Unbesiegbaren, die das Land zum Garten machten – den nun alle besitzen wollen? Furchtsam waren sie hervorgezittert aus Nacht und Trauer osteuropäischer Pogrome. Fromme, die sich an Gottes Bund erinnerten und verbissen mit ihren Händen schufteten, bis das Wunder der Verheißung geschah. Sie dachten an Gottes Taten. Er hatte gesagt: *Das ist mein Land! Es gehört euch!* Keinem hatte er in 1900 Jahren erlaubt, es wirklich zu besitzen. Schmerz und Klage der in Erez Israel verbliebenen *Trauernden um Zion* wurden erhört. Tausende Juden hatten in endlosen Jahrhunderten in Erez Israel Hohn und Hatz der Feinde erduldet, hatten gefastet, gebetet und gewusst: Eines Tages wird *Israel wie die Tauben nach Zion zurückfliegen!* Wie der Prophet es gesagt hat.

Viele glaubten nicht, nannten sich Atheisten. Auch sie wurden zu Gottes Mitarbeitern. Wie Elieser Ben-Jehuda, der dem Volk seine Sprache zurückeroberte. Ein Fanatiker aus einem kleinen Städtchen in Litauen, der 1881 mit 23 Jahren nach Jerusalem ging, entflammt von einer unglaublichen Idee: *Zwei Dinge gibt es, ohne welche die Juden kein Volk werden – das Land und die Sprache! Nur mit der Sprache der Väter und Propheten wird es wieder ein Volk sein!* Seiner Frau Debora nahm er das Versprechen ab: *Unser Kind wird, wenn es geboren wird, nur Hebräisch hören, kei-*

ne andere Sprache. Der kleine starrköpfige, immer schwindsüchtige Ben-Jehuda führte einen titanenhaften Kampf rücksichtslos gegen sich selbst und andere, bis er gesiegt hatte!

Heute sprechen in Israel mehr als sechs Millionen Menschen die Sprache der Bibel! Ein Wunder; noch nie zuvor wurde eine so genannte *tote Sprache* zu neuem Leben erweckt. Als Ben-Jehuda starb, weinten Tausende an seinem Sarg. Die Juden in Erez Israel trugen in die Liste der Volksbefragung der Engländer unter *Muttersprache* nicht *Jiddisch*, *Deutsch, Russisch* oder *Englisch* ein, sondern stolz: *Hebräisch!*

Wer hat Elieser Ben-Jehuda inspiriert? Er hatte keine Gottesoffenbarung. Ihn faszinierte Robinson Crusoe – er war gerade 14 Jahre alt –, geschrieben in der heiligen hebräischen Sprache. Ein Rabbi hatte es ihm gegeben. Sein Onkel, der ihn nach dem Tod des Vaters erzog, warf ihn wegen der Gotteslästerung noch in der Nacht aus dem Haus. Elieser kam die Erleuchtung: *Wir Juden müssen Hebräisch sprechen, sonst werden wir nie ein Volk sein!* Auch Herzl, Weizmann, Ben Gurion, Dayan und viele, viele waren inspiriert! Und waren keine frommen Juden.

Das macht nachdenklich. Fromme waren zu oft ein Hindernis für Gottes Tun. Religiöse Halsstarrigkeit, die sie Glauben nennen, ist oft nichts anderes als Verfinsterung. Bis heute. Bei Juden und Christen gleichermaßen. Im Hebräischen heißt Religion *dat*. Das Wort ist gleichbedeutend mit dem strengen Gesetz der Meder und Perser. Der Glaube an den lebendigen Gott hat damit absolut nichts zu tun. Die *tora* weist den geraden Weg zum Herzen Gottes, seiner Güte, ewigen Liebe und immer währenden Gnade – und zum Herzen der Menschen. Das ist das Gegenteil von *dat*. *Dat* ist das bestimmende Element von Religiosität und starren rituellen Regeln. Die Frommen nennt man *dati-im*.

Wir erkennen eine interessante dreistufige Entwicklung:

1. **Exodus. Ägypten. Mose hat am Horeb eine feurige Gottes-Erscheinung; Wunder über Wunder folgen, zehn Plagen bis zum triumphalen Durchzug durchs Schilfmeer.**

2. Exodus. Babylon und Persien um 520 v. Chr. (Serubbabel, Esra, Nehemia). Keine übernatürlichen Vorgänge! Die Sehnsucht nach Zion keimte still in den Herzen der Juden auf – etwa 42 000. Nehemia hatte keine Erscheinung; er fühlte lediglich als Mundschenk des persischen Königs einen quälenden Schmerz um Jerusalem und träumte vom Wiederaufbau der Stadt – ohne göttliche Schau.

3. Exodus. Aus allen Ländern. Seit 1882 bis heute. *Fischer und Jäger* drängen die Juden nach Israel. Viele dieser Bewegungen haben nicht den Glauben Abrahams. Israel ist ein Staat wie jeder andere – und dennoch völlig anders. Widersprüchlich eben.

Der Zionismus – das ist kein wilder jüdischer Imperialismus oder Rassismus. Im Gegenteil. Der Zionist will im *Schalom* und ohne Krieg zurück nach Zion. Selbst islamische Herrscher hatten bis zum Ende des 19. Jahrhunderts der Juden Recht auf ihr Land anerkannt! Anders als christliche Völker! Emir Feisal schrieb im März 1919 auf der Friedenskonferenz in Paris:

> *Wir Araber … blicken mit tiefster Sympathie auf die zionistische Bewegung. Unsere Delegation hier in Paris kennt genau die Vorschläge, die gestern von der zionistischen Organisation der Friedenskonferenz unterbreitet wurden, und wir halten sie für mäßig und berechtigt. Wir werden unser Bestes tun, ihnen zum Sieg zu verhelfen. Wir wollen den Juden unser herzlichstes Willkommen bei ihrer Rückkehr in die Heimat zurufen … Ich und mein Volk sehen einer Zukunft entgegen, in der Sie und wir ihnen helfen werden, auf dass die Länder, an denen wir ein gemeinsames Interesse haben, aufs Neue ihre Rolle in der Gemeinschaft der Kulturvölker der Welt spielen.*

Heute erleben wir eine andere Realität. Israel, das sich nach Jahrhunderten in der Fremde an die Freiheit gewöhnen muss, hat es schwer, mit der neuen Situation fertig zu werden. Geben wir ihm

Zeit; denn es muss sich, anders als seinerzeit erwartet, gegen unberechenbare Feinde wehren und selbst Blut vergießen. Seit der Großen Revolution (66–70) und dem Bar-Kochba-Krieg (132–135) hat Israel das nicht mehr getan. Die israelischen Soldaten wollen nicht töten. Das liegt an der Philosophie der jüdischen Religion, die Leben in besonderer Weise schützt: *Töten ist nicht unsere Philosophie vom Leben* – diesen und ähnliche Sätze kann man immer wieder selbst in Medien wie der *Jerusalem Post* finden, wenn es um dieses Thema geht.

Israel ist freilich die Antwort eines geschundenen Volkes auf die grauenvollen Verfolgungen einer sündigen Kirche, auf Hitler, Himmler und Eichmann, auf Auschwitz, Treblinka, Sobibor, Chelmno und Bergen-Belsen, wo Berge von Totengebeinen mit Bulldozern zusammengekratzt wurden. Gottes Antwort auf eine Welt im Zustand der ethisch-moralischen Auflösung. Die Totengebeine von Hesekiel 37,1-14 werden gesammelt. Was hindert uns daran, das Wunder der nationalen Auferstehung zu rühmen?

Wie sollte Israel auf die erbarmungslose Grausamkeit der zivilisierten Welt nach 1945 antworten? Es gab nur eine Antwort: *Zurück nach Zion, Zion aufbauen!* 600 000 Juden sind 1948 in Israel. Etwa so viele wie beim ersten Exodus. Jetzt sind es sechs Millionen! Wer nach Israel geht, hat Teil an seiner Auferstehung! Jeder Jude, der den Boden seines Landes küsst, ist ein Element der Worte der Propheten, die älter sind als unsere europäischen Kulturen!

Christliche Hoffnungen haben sich seit 1948 (Gründung des Staates) und 1967 (Befreiung Jerusalems) nicht erfüllt. Viele Christen und manche ultra-orthodoxe jüdische Gruppen lehnen den Staat Israel als borniertes Tun unbelehrbarer Juden gegen den Willen Gottes ab. Der Messias wird ihn gründen. Doch: Israel hat seine Geschichte als ein Warten auf Gott und sein Handeln begriffen, aber: *Wenn wir nichts tun, wird auch Gott nichts tun.* Prophetenworte (*die Wüste blüht!*) erfüllen sich vor unseren Augen – wir sehen Olivenbäume auf saftigem Rasen mitten in der Wüste im Kibbutz Sde Boker; fruchtbare, schier endlose Weizenfelder nördlich vom heutigen Beer-Sheva oder weite Maisfelder südlich vom antiken Beer-Sheva, wo Abraham seine Verheißungen empfing. Das lässt uns erahnen, was von Dan bis Beer-Sheva und darüber hinaus weltweit, ja, wirklich weltweit möglich ist, wenn der Messias gekommen sein wird.

Wir wünschen uns, es wäre anders. Da sind so viele Widersprüche. Doch das wird sich mit der Ankunft des Messias ändern. *Glücklich bist du, Israel! Wer ist wie du, ein Volk, gerettet durch den HERRN, der der Schild deiner Hilfe und der das Schwert deiner Hoheit ist? Schmeicheln werden dir deine Feinde, du aber, du wirst einherschreiten über ihre Höhen* (5Mo 33,29). Ein Volk in der Spannung zwischen dem, was ist, und dem, was sein wird. Halten wir diese Spannung aus? Wie lange? Israel muss sie jedenfalls aushalten.

> *Es wird zur letzten Zeit der Berg, da des HERRN Haus ist, fest stehen, höher als alle Berge und über alle Hügel erhaben, und alle Heiden werden herzulaufen, und viele Völker werden hingehen und sagen: Kommt, lasst uns auf den Berg des HERRN gehen, zum Hause des Gottes Jakobs, dass er uns lehre seine Wege und wir wandeln auf seinen Steigen! Denn von Zion wird Tora ausgehen und des HERRN Wort von Jerusalem. Und er wird richten unter den Heiden und zurechtweisen viele Völker. Da werden sie ihre Schwerter zu Pflugscharen und ihre Spieße zu Sicheln machen. Denn es wird kein Volk wider das andere das Schwert erheben, und sie werden hinfort nicht mehr lernen, Krieg zu führen.* (Jes 2,1-4)

Der Terror

Im September 2000 wird die Al-Aqsa-Intifada (*Intifada = sich erheben, abschütteln*) ausgerufen, fadenscheinig begründet mit dem Besuch Ariel Sharons auf dem Tempelberg. Im Hintergrund steht die islamische Verpflichtung, innerhalb von zehn Jahren eine *hudna* zu brechen (*hudna* arab. *für Waffenstillstand* – in den Augen des Islam bedeuteten die Osloer Verträge nie Frieden, sondern nur *hudna*. Mit Ungläubigen gibt es keinen Frieden, *salaam*). Es folgen Attentate aus dem Hinterhalt. Selbstmörder und Selbstmörderinnen mit Bombengürteln um den Leib. Sie waren Fanatiker oder wurden durch religiöse Fanatiker unter Todesdrohungen dazu gezwungen. Später weiden sie sich an der Tat ihrer *Märtyrer*, ziehen jubelnd durch die Straßen. Amalek lacht und höhnt über das Unglück der Unschuldigen. Alles in allem eine grauenvolle Todesernte auf beiden Seiten.

Seit der UN-Resolution, die Zionismus als Rassismus verurteilt, wird der Begriff *Apartheid* im Zusammenhang mit Israel und den Palästinensern[1] missbraucht. Ein verlogener Vergleich. Eine neue Masche des modernen Antisemitismus, der Israel das Existenzrecht verweigert. Das bizarre Propagandamittel soll Israel isolieren, wirtschaftlich ruinieren und den Terror rechtfertigen.

1 Ich gebrauche diesen Ausdruck, obwohl die Araber ihn noch vor etwa 50 Jahren als zionistisch ablehnten und nur diejenigen Araber als Palästinenser bezeichnet werden können, die in diesem Land geboren sind. Unzählige haben ihre Heimat im Sudan, in Ägypten und anderen arabischen Ländern. Palästinenser hat sich in den allgemeinen Sprachgebrauch für Araber eingeführt, die in Erez Israel wohnen.

Der Gedanke dahinter ist: Wenn Israel die Araber rassistisch unterdrückt wie ein Apartheids-Regime, dann muss es mit allen Mitteln bekämpft werden.

Mehr als tausend Jahre haben Christen in Europa Juden verfolgt und gemordet. Sie glaubten, damit Gott einen Gefallen zu tun. Judenfeindschaft war lange eine feste Größe im christlichen Denken. Wer glaubt ernsthaft, die Judenvernichtung Hitlers habe inzwischen eine fundamentale Meinungsänderung gebracht? Für Christen ist es normal, dass Juden leiden. Heute terrorisiert man Juden bei uns nicht mehr, aber dafür schließt man die Augen, wenn der Staat Israel betroffen ist. Haben ausgerechnet wir Israel die Ethik vorzuschreiben? Haben wir nach der Bergpredigt gehandelt? Wenn Israel sich gegen den Terror wehrt, dann gibt es bei uns einen Aufschrei! Was tut man, wenn das in Paris, London, Madrid, Rom oder Berlin geschieht? Wenn Araber Juden nicht mehr morden, wird Ruhe sein. Das aber ist kaum zu erwarten. Der Islam duldet keinen ungläubigen Staat auf seinem heiligen Territorium. Nach ihrer Auffassung hat keiner das Recht, mit Israel Frieden zu schließen. Weder Sadat, Mubarak, Hussein, Abdullah, Assad oder Abbas. Das müssen wir begreifen.

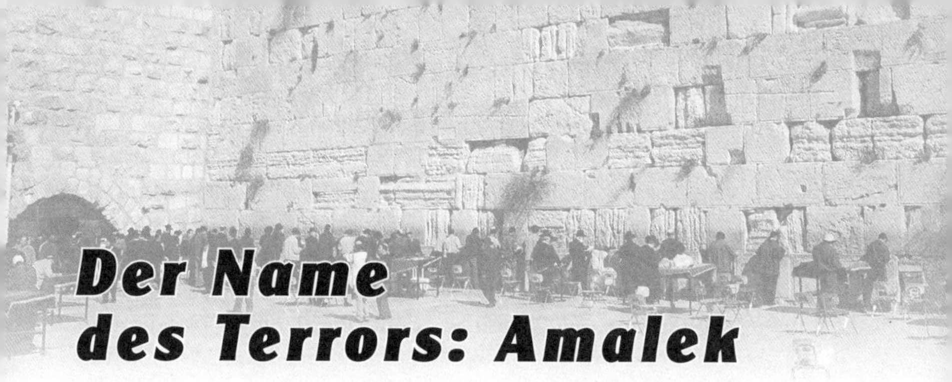

Der Name des Terrors: Amalek

Der Terror hat seine Geschichte. Von Kain bis Amalek und darüber hinaus. Und er hat einen speziellen geistlichen Hintergrund. Wir lesen 1. Mose 36,10-12: *Dies sind die Namen der Söhne* ***Esaus****:* ***Elifas****, der Sohn Adas, der Frau Esaus ... die Söhne des Elifas: Teman, Omar, Zefo und Gatam und Kenas. Timna war eine Nebenfrau von Elifas, des Sohnes Esaus,* ***die gebar dem Elifas Amalek****.* 2. Mose 17,14: *Danach sprach der HERR zu Mose: Schreib dies zum Gedächtnis in ein Buch und lege in die Ohren Josuas, dass ich die* ***Erinnerung an Amalek*** *vollständig unter dem Himmel auslöschen werde!* 5. Mose 25,17-19: *Denk daran, was Amalek dir getan hat auf dem Weg, als ihr aus Ägypten zogt, wie er dir auf dem Weg entgegentrat und deine Nachzügler schlug, alle Schwachen hinter dir, als du erschöpft und müde warst, und dass er Gott nicht fürchtete. Und wenn der HERR, dein Gott, dir Ruhe verschafft hat vor allen deinen ... dann sollst du die* ***Erinnerung an Amalek*** *unter dem Himmel auslöschen. Vergiss es nicht!*

Später klagt Israel bitter über Edom und Amalek.

> Psalm 10,1-12: *Warum, HERR, stehst du fern …? In Hochmut verfolgt der Gottlose den Elenden. Sie werden erfasst von den Anschlägen, die jene ersonnen haben … Er sitzt im Hinterhalt der Höfe, in Verstecken bringt er den Unschuldigen um; seine Augen spähen dem Armen nach. Er lauert im Versteck wie ein Löwe in seinem Dickicht; er lauert, um den Elenden zu fangen … Steh auf, HERR! Gott, erhebe deine Hand! Vergiss nicht die Elenden!*

Psalm 37,32: *Der Gottlose lauert auf den Gerechten und sucht ihn zu töten.*

Psalm 83,2-19: *Gott, schweige nicht! … deine Feinde toben … Gegen dein Volk planen sie listige Anschläge … Sie sprechen: Kommt und lasst uns sie als Nation vertilgen, dass nicht mehr gedacht werde des Namens Israel! … Die Zelte* ***Edoms*** *und die* ***Ismaeliter****, Moab und die Hageriter, Gebal und Ammon und* ***Amalek****,* ***Philistäa*** *samt den Bewohnern von Tyrus … Lass sie beschämt und erschreckt sein für immer, mit Scham bedeckt sein und umkommen, damit sie erkennen, dass du allein – HERR ist ja dein Name! – der Höchste bist über die ganze Erde!*

Der Amalekismus mordet Schwache und Arglose, erbarmungslos und ohne jeglichen Funken natürlicher Empfindung für Leben. Seine Wurzeln sind uralt. Esaus Hass auf Jakob. Esau vergaß, dass er selbst sein Erstgeburtsrecht verachtet hatte. Nie verzieh er Jakobs List. Edom, der Erstgeborene – vergeblich wartete er auf sein Recht, und hatte es doch geringschätzig verschachert. Verbittert und hasserfüllt wartete der lauernde Jäger auf seine Gelegenheit. Sie kam nie. Sein Erstgeborener Elifas wurde Vater von Amalek, Edoms Enkel. Früh lernte Amalek zu hassen. Das Südland ist rau und menschenfeindlich. So wurde Amalek zu Amalek. Wilde Nomaden, Krieger, *Kriegsvolk*. Ein Volk ohne Erbarmen und Menschlichkeit. Hart, herzlos und grausam. Edom, Amaleks Großvater, war immer schadenfroh, so sagte Obadja, wenn es Israel übel erging. Zynisch verfolgte er Jakobs bitteres Schicksal (Psalm 137,7). Darum musste er untergehen.

Amalek, Israels erster Feind (2. Mose 17)

Nach dem Exodus bei Refidim ist es der erste Zusammenstoß Israels überhaupt mit einem Widersacher, und gerade mit diesem Widersacher. Unweit vom Felsen, aus dem Mose Wasser schlug.

Blutrünstig hat Amalek sich auf die Lauer gelegt. Als er sich sicher fühlt, fällt er über die Schwachen und Kranken, die Erschöpften und Nachzügler her.

Josua besiegt Amalek nach erbittertem Kampf. Mose hebt seine Hände für den Sieg zu Gott empor, glaubt und betet (2. Mose 17). Der Text erwähnt siebenmal die Hand bzw. die Hände als Leitmotiv. *Hand* steht für Macht, aber auch für *Denkmal* (*Yad Vashem* – wörtlich *Hand und Namen*, Holocaustgedenkstätte in Jerusalem) und *Schwur*. Selbst im Wort *Refidim* finden wir den Hinweis auf die Hände. Die Silbe *ref* stammt von der Wurzel des hebräischen Wortes für *schwach*. Der zweite Teil des Wortes – *idim* – kann auch *Hände* (*iadajim*) heißen. *Refidim* könnte als *schwache Hände* bzw. als *Machtschwund* gedeutet werden. In Refidim wird Amalek geschwächt. Nicht völlig besiegt, nicht ausgerottet. Nur geschwächt.

Moses Hände (fem.) *wurden schwer* (mask.). *Schwer* ist in unserer deutschen Übersetzung ein Adjektiv, steht aber im Original als maskulines Substantiv im Plural: *Seine Hände wurden Schwere*(*n*). Wieso? Der Text soll wohl mit dieser ungewöhnlichen Form ohne Umschweife auf die schwere Verantwortung hinweisen, die auf Moses Händen ruht, so dass sie Schwere werden.

In demselben Vers steht: *Moses Hände blieben fest* – so unsere Übersetzung. Der hebräische Text indes bringt auch hier wieder ein Substantiv, *Glaube, Treue, Vertrauen*, so dass es heißt: *seine Hände blieben Glauben (Treue, Vertrauen).* Das lässt sich so deuten: Die Treue Moses und seiner beiden Unterstützer Gott und dem kämpfenden Volk gegenüber ist Vorbild und ermutigt die Krieger, sich ganz und gar zu verausgaben, bis Amalek besiegt ist. Der Blick auf die Treue von Mose und seinen festen Händen stärkt ihre Treue, so dass sie den Sieg durch sich durchkämpfendes Vertrauen auf Gottes Hilfe erringen; Moses Hände strahlen Glauben, Treue aus!

Ebenso muss heute allen der Glaube gestärkt werden, die gegen einen modernen Amalek zu kämpfen haben, physisch oder geistig. Das gilt vor allem Israel in seinem Überlebenskampf gegen einen mächtigen Feind, der es rücksichtslos vernichten will. Europa hat diesem Feind bereitwillig beide Hände ausgestreckt. Trotz aller Anti-Antisemitismus-Erklärungen. Die sind in der Krise nicht viel wert, wie Vergangenheit und Gegenwart lehren. Sie entstammen nicht einem umkehrwilligen Herzen, sondern bloß einem gewissen Erschrecken vor dem, was durch das Dritte Reich dem jüdischen Volk angetan worden ist. Das ist zu wenig. Damit ist die antisemitische Haltung nicht ausgemerzt. Die dahinter stehende Theologie und Ideologie bleibt.

Amalek ist besiegt, aber nicht vernichtet, nur (nach Luther) *gedämpft*, d. h. *geschwächt*. Doch Gott befiehlt, *sein Andenken* auszurotten. Bileam sagt 4. Mose 24,20 über Amalek: *Die erste der Nationen war Amalek, aber sein Ende führt zum Niedergang.* Im Targum, der aramäischen Übersetzung, steht: *Amalek war die erste Nation, die gegen Israel Krieg führte* ... Das ist wohl auch die Bedeutung bzw. die treffendere Auslegung des Textes. Ein Jahr später schlagen Amalekiter gemeinsam mit Kanaanitern einige verwegene Israeliten in die Flucht, die gegen den Befehl des Herrn nach Kanaan marschiert sind (4. Mose 14).

Eine lange Zeit vergeht. Israel wohnt in Kanaan und muss sich verschiedener Feinde erwehren, die sich immer wieder mit Amalek verbinden. Von Eglon bis Gideon. Als Saul regiert, stellt Gott ihm die besondere Aufgabe (1. Sam 15,2-3), Amalek zu vernichten. Saul erringt einen brillanten Sieg, hat es in der Hand, ein für alle Mal die amalekitische Plage zu beenden. Er jedoch verschont den König Agag, die besten Schafe und Rinder usw. Darum wird Saul als König verworfen. Samuel teilt ihm das harte Urteil mit und übt Gericht an Agag (1. Sam 15,23). Dennoch bleibt ein Überrest übrig. David bringt (s. 1. Sam 29) ihnen einige Jahre später erneut eine schwere Niederlage bei, während 400 junge Amalekiter entwischen, aber danach hat er Ruhe vor Amalek.

Zur Zeit Nebukadnezars müssen auch Amalekiter in die Babylonische Gefangenschaft geraten sein. Nur so lässt sich erklären, warum etwa 120 bis 130 Jahre später Xerxes, in der Bibel als Ahasveros bekannt (485–465 – er unterlag den Griechen in der Schlacht bei Salamis), den Agagiter Haman in eine führende Stellung am Hof erhebt. Weil der Jude Mordechai, Onkel bzw.

Cousin der Königin Esther, der am Hof des Ahasveros dient, ihm die Ehre verweigert, sinnt Haman auf grausame Rache. So stehen sich nach mehr als 600 Jahren ein Nachkomme aus dem Haus Saul (Kis) und einer aus dem Haus Agag gegenüber. Späte Folgen von Sauls Ungehorsam. Hamans Rache soll allen Juden an einem bestimmten Tag in Persien den Tod bringen. Wir kennen diese dramatische Geschichte, die mit dem Sieg der Juden endet. Seither ist der Amalekiter Haman fester Bestandteil im jüdischen Denken als gnadenloser Mörder. Die Beschreibung der Geschehnisse im Buch Esther (der Begriff *Amalek* fällt im Buch Esther zwar nicht, mit *Agagiter* ist allerdings das Königshaus der Amalekiter gemeint) ist das letzte biblische Zeugnis von Amalek im Alten Testament.

Amaleks Gedächtnis ausrotten

Israel hat es immer wieder mit Amalek zu tun. In seiner Heimat, im fernen Persien und im christlichen Europa! Dennoch steht Gottes Zusage, Amaleks Gedächtnis auszurotten. Wann endlich? Ist Gott so grausam? Es heißt: Amaleks Gedächtnis – nicht Amalek! Ein wesentlicher Unterschied. Gott ist *gnädig, barmherzig und von großer Güte*, d. h. von unendlicher Liebe. Er will, dass die Menschen durch die Gemeinschaft mit ihm dieses Wesen annehmen, dass sie barmherzig, gütig, mitleidvoll und liebevoll zueinander sind.

Amaleks Gesinnung ist dem extrem entgegengesetzt: brutal, erbarmungslos, hartherzig, gefühllos, grausam, gnadenlos und ohne natürliche Liebe. Wenn er über wehrlose Frauen, Kinder und Alte herfällt, empfindet er tiefe Genugtuung und Freude. Verstümmelte Leichen machen ihn stolz, und seine Anhänger jubeln auf den Straßen. Das ist Gott ein Gräuel. Amalek fürchtet Gott nicht (5. Mose 25,18). Darum handelt er so. *Sein Gedächtnis muss ausgetilgt werden.* Erst dann – und das bedeutet der Ausdruck *die Hand an den Thron Gottes, Krieg für Gott gegen Amalek von Geschlecht zu Geschlecht* –, wenn dieses Gedächtnis ausgerottet ist, wenn Liebe und Friede, Barmherzigkeit und Güte herrschen, hat Israel, hat die ganze Welt endlich Ruhe.

Die Völker Kanaans töteten ihre eigenen Kinder und opferten sie den Dämonen. Heute führen die Terrororganisationen, die modernen Amalekiter, diese grausame, barbarische Tradition fort. Ein normaler Mensch kann die bestialischen Selbstmordattentate und die damit zusammenhängenden Konzepte in den perversen Hirnen der dämonisierten Islamisten nicht begreifen. Dennoch ruft der Psalmist (Ps 83,17-19): *Bedecke ihr Gesicht mit Schande, damit sie deinen Namen, HERR, suchen! ... damit sie erkennen, dass du allein ... der Höchste bist über die ganze Erde!* Letztlich geht es nicht um die physische Ausrottung Amaleks, sondern darum, dass selbst er schließlich erkennt, dass der Herr, der Gott Israels, der wahre Gott ist! Und dass er sich zu ihm bekehrt. Es darf keinen Gedanken, keine Erinnerung mehr an Terrorismus geben!

Auch den Arabern gelten die Verheißungen. Gleichwohl findet sich der Geist Amaleks bei denen, die erst dann zufrieden sind, wenn Israel nicht mehr existiert. Selbst wenn sie dafür einen unverhältnismäßig hohen Preis zahlen müssten. Ihre Verluste sind extrem hoch. Und das wird so sein, solange sie wie Sklaven einem Gott unterworfen sind, der statt Liebe Hass predigt.

Adolf Hitler hat am deutlichsten Amaleks Geist sichtbar gemacht. Er führte konsequent eine uralte „christliche" Tradition fort, die auf falschen theologischen Konzepten basiert und die Martin Luther nach bitterer Enttäuschung über die Unwilligkeit der Juden, sich zu seinen Vorstellungen zu bekehren, mit übler Judenfeindlichkeit weiter angefacht hatte. Lange bevor er Reichskanzler wurde, schrieb Hitler im zweiten Kapitel seines Buches *Mein Kampf*:

> *So glaube ich heute im Sinne des allmächtigen Schöpfers zu handeln: Indem ich mich des Juden erwehre, kämpfe ich für das Werk des Herrn.* Und später am Ende des siebten Kapitels: *In diesen Nächten wuchs mir der Hass, der Hass gegen die Urheber dieser Tat ... Mit dem Juden gibt es kein Paktieren, sondern nur das harte Entweder-Oder.* Auch Johannes Chrysostomus hatte bereits im 4. Jahrhundert ähnlich gepredigt: *Ich hasse sie!*

Bitterer Sarkasmus: Hitler nennt den Massenmord an Juden *Werk des Herrn*. Genauso argumentieren heute die Islamisten. Sie rufen *Allah-u akbar!* (*Allah ist groß!*) und kämpfen für *das Werk des Herrn*, wenn sie wehrlose Menschen hinterhältig morden. Das ist das Wesen Satans. Amalekismus. Es war mehr als eine hässliche Posse, als man dem Amalekiter Arafat den Friedensnobelpreis verlieh – und ihn damit auf eine Stufe mit Mutter Teresa stellte. Wie konnte Israel mit einem solchen erklärten Terroristen, dessen Hände von Blut trieften, an einem Tisch sitzen, um mit ihm über Frieden zu reden? Und warum verweigert Europa Israel das Recht, den Terror zu bekämpfen?

Mit bösem Instinkt erkennt Amalek Gottes Plan mit Israel. Er weiß, Israel ist der Beweis dafür, dass Gott lebt. Von Jerusalem, Zion, aus soll sich die Erkenntnis des HERRN über die ganze Welt verbreiten. Das muss Satan vereiteln – durch Christentum, Islam, jedes Mittel; denn *Amalek* ist mehr als ein Volk oder eine Institution. Amalek ist eine geistige Haltung und Satans Werkzeug in einem erbitterten geistlichen Kampf.

Der Islam und sein Hass auf Israel

Ein Moslem, egal ob gewöhnlicher, religiöser oder fanatischer Moslem, würde sich normalerweise nie mit Juden befreunden, sie ins Haus lassen oder Gemeinschaft mit ihnen haben. Gläubige Muslime halten die Juden für die Drahtzieher vom 11. September 2001. Für den Fanatiker ist der Jude überall ein Ziel, das es auszulöschen gilt. Dennoch unterhalten in Israel, in Samaria und Judäa zahlreiche Muslime Freundschaften mit Juden. Der gewöhnliche Moslem weiß wenig von den koranischen Hintergründen, die erklären, warum man Juden bekämpfen muss. Aber er weiß, dass Juden den Propheten Mohammed verfolgten und seine Offenbarungen zerstören wollten.

Im Mekka zur Zeit Mohammeds waren die arabischen Stämme Götzendiener, aber auch Juden und Christen boten ein schlimmes Bild. Mohammed sah die Götzendiener, wie sie sich vor den Statuen verneigten, und bekam Abscheu. Er schwor, sich niemals vor Statuen zu beugen, und suchte anfänglich Juden und Christen durch Freundlichkeit zu überzeugen; und es gelang ihm sogar, die zwei mächtigsten, aber verfeindeten Stämme zu einen und für sich zu gewinnen.

Medina war das größte jüdische Zentrum in Arabien. Dort pflegte Mohammed mit den Juden Gemeinschaft, weil er sie als Genossen zu gewinnen suchte. So erwähnt der Koran aus dieser Zeit wohlwollend jüdische religiöse Handlungen wie Händewaschen vor dem Essen, Fasten, Gebet, Erlauben der Ehescheidung, Schweinefleisch-Verbot, das Gesetz *Auge um Auge, Zahn um Zahn* – Sure 5,45. Mohammed ordnete sogar an, sich beim Gebet nach Jerusalem zu wenden. Später änderte er seine Meinung über die Juden und die Richtung des Gebets – nach Mekka.

Der Koran spricht in den in Mekka entstandenen Suren positiv über Juden; Sure 2,47, 122 nennt die Juden Gottes allein erwähltes Volk; Allah habe die Juden im fremden Land beschützt (Sure 28,4-6); ja sie glaubten an denselben Gott wie er. Allah sei gut sowohl zu Juden als auch Christen, wenn sie an den einen Gott glaubten und gute Werke täten – Sure 2,62 und 5,69. Schließlich würde Allah alle Juden und Christen segnen, wenn sie die Lehren ihrer heiligen Bücher befolgten – Sure, 5,44, 46-47.

Die Juden aber nahmen seine Vorstellungen nicht an, später wurden sie sogar aggressiv und forderten Mohammed heraus. Eines Tages brachten sie menschliche Knochen zu ihm und sagten: *Wenn du ein Prophet Gottes bist, dann mach doch diese Knochen lebendig!* Mohammed hatte keine Antwort, war beschämt, hatte dann aber eine wundersame Erklärung. Er bekam eine Offenbarung (Sure 36,76-78; 79-82). Ein anderes Mal bereitete ihm eine Jüdin ein Lamm und vergiftete es. Mohammed aß davon und spuckte einen Teil aus. Dennoch wurde er krank und litt offensichtlich sein Leben lang an den Folgen. Sein Freund starb. Ein Grund für seinen Hass auf Juden. Sie wollten ihn, den Propheten Allahs, töten (vgl. Mark Gabriel, *Islam and the Jews*).

Nach einem Jahr in Medina hatten sich nur wenige Juden ihm zugewandt. Sure 4,46 und 26,196-197 sagen: *Allah hat sie wegen ihres Unglaubens verworfen, so glauben sie nicht, außer einigen wenigen von ihnen.* Seine weiteren Offenbarungen begründeten dann Unglauben und Verwerfung der Juden: Allah verfluchte die Juden wegen ihrer Übertretungen; Allah verwandelte die Juden in Affen und Schweine zur Strafe für ihre böse Taten (S. 7,166; 5,60; 2,65). Allah verdammt die Juden, weil sie die Propheten getötet haben (S. 2,91; 5,70-71). Der Islam ist die letzte Religion und der Koran das letzte Testament. Juden und Christen müssen sich bekehren (S. 3,85: *Wer eine andere Religion als den Islam begehrt, nimmer soll sie von ihm angenommen werden, und im Jenseits wird er verloren sein.*). Die Juden haben Gottes Bücher verfälscht (S. 2,75; 76-79: *Ein Teil von ihnen* (jüd. Rabbiner) *hat Allahs Worte vernommen und verstanden und hernach wissentlich verkehrt ... Sie vertauschten die Wörter an ihren Stellen und vergaßen einen Teil von dem, was ihnen gesagt ward.* (S. 5,13)

Die Bibel wird als Fälschung abgetan (darum ist David für Muslime ein Muslim). Die Ablehnung, die Mohammed bei den Juden erfuhr, führte zum gnadenlosen Hass auf die Juden, weil sie die größten Feinde des Islam sind und nie die Muslime lieben werden und weil sie verantwortlich sind für Kriege und das Elend auf der Erde. Ähnlich sagt Artikel 22 des Hamas-Manifestes: *Die Juden stehen hinter dem Ersten Weltkrieg und haben den Völkerbund gegründet, damit sie die Welt regieren können. Sie waren auch hinter dem Zweiten Weltkrieg, durch den sie gewaltige finanzielle Gewinne machten ... Es gibt keinen Krieg auf der Welt, an dem sie nicht beteiligt sind.*

Mohammed vernichtete die Juden in Arabien mit äußerster Brutalität. Seine Offenbarungen in Medina wurden immer aggressiver und forderten die Muslime dazu auf, die Juden zu vernichten. Sure 60,13; 2,149; 4,47, besonders 9,5. Die Juden hatten Mohammeds Lehren abgelehnt und sich als Feinde entpuppt. Entsprechend mussten sie behandelt werden: *Bekämpft sie, Allah wird sie strafen durch eure Hände und sie mit Schmach bedecken und euch Sieg über sie verleihen und wird heilen die Brüste eines gläubigen Volks und hinwegnehmen wird er den Zorn ihrer Herzen. Und Allah kehrt sich zu wem er will, und Allah ist wissend und weise.* (Sure 9,14-15)

Selbst wenn Juden sich in den folgenden Kämpfen ergaben, wurden sie dennoch oft bestialisch hingerichtet. Diese geschichtlichen Ereignisse sind für den Islam richtungweisend und Gesetz. Mohammed würde Juden bekämpfen bis zum Tag der Auferstehung, so sagte er. Bis dahin werden die Muslime alle Juden, bis auf einen, getötet haben. Dieser wird sich hinter einem Felsen verstecken, aber der Felsen wird rufen: *Ein Jude versteckt sich hinter mir, kommt, tötet ihn!* Viele Anhänger konnten diesen Hass nicht nachvollziehen und zögerten. Um sie zu gewinnen, versprach er ihnen herrliche Dinge im Paradies, vor allem denen, die im Jihad sterben würden (S. 55, 56, 72 usw.; 47,15; 9,2-21). Der Muslim, der im Jihad stirbt, hat immer gewonnen; der Kampf ist für Allah, und Allah siegt immer, auch wenn sein Krieger sterben muss. Dafür wird dieser im Paradies reich belohnt.

Anders als Christen und Juden, die in der Bibel keine Unterstützung für derartige Grausamkeiten finden, kann sich der Islam bei seinen barbarischen Kriegen klar auf den Koran berufen. Er ruft unmissverständlich dazu auf, die Ungläubigen gnadenlos zu bekämpfen und sie umzubringen. Darum ist Friede mit Ungläubigen für Moslems nicht möglich. Es kann nur einen zeitlich begrenzten, höchstens zehn Jahre währenden Waffenstillstand (Hudna) mit ihnen geben, dann muss man so stark sein, dass man den Feind besiegen kann. Keiner hat das Recht, den heiligen islamischen Boden in Israel den Juden zu überlassen. Sie haben ganz einfach kein Recht darauf und müssen vertilgt werden. Zwar gab es nach den verlorenen Kriegen 1948, 1956, 1967, 1973 und 1982 Ratlosigkeit, dass der siegreiche Islam jedes Mal von den Juden besiegt wurde, dennoch hat man seine Niederlagen nie eingestanden – das belegen die Siegesparaden in Ägypten und andernorts.

Die heiligen Stätten in Jerusalem gehören dem Islam, obwohl Jerusalem, arabisch Al-Quds, im Koran nirgendwo erwähnt wird. Dort hatte Mohammed während seiner so genannten Nachtfahrt eine besondere Begegnung mit dem Engel Gabriel. Der drittheiligste Ort des Islam ist die Al-Aksa-Moschee. Würde sie von Juden oder Christen zerstört, würde das ein furchtbares Blutbad und einen entsetzlichen Krieg auslösen, wie ein Vorfall in Indien beweist.

Als 1992 Hindus eine Moschee, die auf den Fundamenten eines alten Hindutempels aufgebaut worden war, zerstörten, töteten die Muslime aus Rache Tausende von Hindus. Die Hindus behielten die Kontrolle über den Ort, im Jahr 2002 jedoch kam ein muslimischer Mob, der einen Pilgerzug der Hindus mit Steinen bewarf und ihn beschoss. Mehr als 80 Hindus starben. Dieses Ereignis hat die Spannungen gewaltig zwischen Hindus und Moslems in Indien erhöht. Wie viel schlimmer wäre es in Jerusalem!

Ein Muslim glaubt an die hohe Berufung Allahs, Juden zu bekämpfen und sie zu töten. Darum die vielen so genannten *Märtyrer.* Ein religiöser Begriff von höchstem Wert im Islam. Der Märtyrer geht direkt ins Paradies, ohne im Grab warten zu müssen. Der Westen nennt diese Leute Selbstmörder, für den Islam sind sie es nicht. Im Jihad tötet man entweder oder man wird getötet; nicht nur töten, sondern auch sterben. Wer im Jihad tötet, begeht keinen Mord. Das wird genau unterschieden. Der Islam verurteilt gesetzloses, sinnloses Töten in der Gesellschaft, fordert aber das Töten im Jihad.

Ist es ein Wunder, dass es zwischen Israel und den Arabern nicht zum Frieden kommen kann? Es ist kein politisches, es ist ein religiöses Problem. Und dafür gibt es auf dieser Welt keine Lösung. Bis die wirkliche Lösung kommen wird, haben Israel und seine Nachbarn, aber auch die beteiligten europäischen Staaten die Pflicht, mit allen diplomatischen Mitteln um Frieden zu ringen. Noch leben wir in einer ungerechten Welt, und die Verantwortlichen müssen ihr Bestes tun. Auch wenn wir wissen, dass der wahre Friede erst dann kommt, wenn der Messias da ist.

Auch die Muslime brauchen die Erlösung. Auch sie müssen das Evangelium hören. Selbst wenn der Islam als Religion aggressiv und dämonischen Ursprungs ist, sind doch auch die Muslime vom Gott der Juden und Christen geliebt. Nach meiner Auffassung konnte der Islam entstehen, weil Judentum und Christentum in Arabien jämmerlich versagt hatten.

Gerade die letzten wenigen Jahre zeigen, dass sich in der muslimischen Welt vieles ändert. Zahllose Muslime suchen den wahren Gott. Wie viele sich ausgerechnet nach dem 11. September 2001 bekehrt haben, ist zwar nicht bekannt, ihre Zahl steigt aber täglich! Kann es zu einem ähnlichen Zusammenbruch des Islam kommen, wie ihn der Kommunismus erlebt hat? Für Jesus ist es wichtiger, dass die Muslime evangelisiert werden, als dass Christen auf das antichristliche Reich durch einen immer stärker werdenden Islam warten und in Untätigkeit und Angst verfallen. Wir müssen den Muslimen das Evangelium bringen. Überall, zuallererst in unserem eigenen Land! Jesus ist der Friedefürst. Er löst die Feindschaft zwischen Isaaks und Ismaels Nachkommen auf. Dafür ist jetzt höchste Zeit, und dafür wollen wir beten und arbeiten! Nur so wird Amaleks Gedächtnis ausgerottet.

Wir müssen unsere Theologie ändern und dem Amalekismus abschwören!

Schmerzlich und abscheulich ist der Frevel unseres deutschen Volkes an Israel. Dabei war es dem Judentum geistig und wesensmäßig immer besonders eng verbunden. Das haben viele jüdische Denker hervorgehoben. Es geht um eine Wesensverwandtschaft, die es so zwischen Juden und anderen europäischen Völkern nie gegeben hat (s. Amos Elon, *The Pity of It All,* New York, 2002). Trotz der vielen Judenverfolgungen und des Holocausts. Und doch nimmt der Antisemitismus unter unseren Augen und Ohren wieder zu!

Mich befremdet es, wenn tief gläubige Christen und Freunde Israels den Kopf schütteln, wenn in Seminaren und Gottesdiensten über den hebräischen Hintergrund der Evangelien und der Apostel-Briefe referiert wird: *Was haben wir damit zu tun? Wir sind das geistliche Israel!* Immerhin sind viele Jesus liebende Touristen nach Israel gefahren und haben das Land genossen. Viele indes denken nach wie vor theologisch antijüdisch. Obwohl sie das so nie zugeben würden und kaum von sich glauben können.

Wenn Juden uns eines Tages brauchen werden, könnten diese Christen abseits stehen, wenn nicht auch der letzte Rest von Widerwillen, Abneigung und Antipathie gegen alles Jüdische abgebaut ist. Tief sitzt die Skepsis einer Verkündigung gegenüber, welche die neutestamentlichen Schriften vor dem sprachlichen, kulturellen und historischen Hintergrund des Judentums zur Zeit des Zweiten Tempels als Rahmen und Boden der Entstehung des Christentums betrachtet und den griechischen philosophischen Einfluss kritischer sieht. Altes und Neues Testament sind kein westliches Produkt, sondern semitische, jüdische Literatur!

Gott erinnert Israel 40 Jahre nach dem Auszug aus Ägypten daran, das Gedächtnis Amaleks *wegzuwischen*: *Vergiss es nicht!* Nicht nur soll Israel das nicht vergessen – es soll auch nicht vergessen, dass es selbst dieser Gesinnung verfallen kann. Darum muss ihm bewusst sein, wer und was Amalek für Israel und die ganze Welt bedeutet. Mit dem Ausdruck *wegwischen, auslöschen* (2. Mose 17 und 5. Mose 25) nimmt Gott dasselbe Wort wie 1. Mose 6,7 Noah gegenüber: *Ich will den Menschen, den ich geschaffen habe, von der Fläche des Erdbodens auslöschen, wegwischen. Wegwischen* – und er ist nicht mehr da. So radikal.

Was können wir tun? Die Neugeburt gibt uns die Kraft, uns dem Wesen Jesu anzunähern und böse Eigenschaften, mit denen unser Leben belegt ist, wegzuräumen. Das wird uns nicht immer gelingen, und doch sollen wir Güte, Barmherzigkeit, Liebe usw. durch unser Leben wirksam werden lassen. Dazu gibt es keine Alternative! Unsere Umwelt erkennt den Unterschied zwischen dem Wesen der Sünde und dem Wesen Gottes – auch wenn es nur unvollkommen weitergegeben werden kann. Die Liebe Gottes kann Menschen radikal verändern. Wölfe werden zu Lämmern. Das Vollkommene wird erst da sein, wenn der Messias von Jerusalem aus regiert. Wir aber haben die hohe Aufgabe, durch ein vorbildliches Leben, aber auch durch unsere Liebe zum Wort Gottes, zu den Erzvätern, den Propheten und ihrer Botschaft Israel zur Eifersucht zu reizen (Rö 11,11). Israel soll erleben, wie treu wir die Grundsätze der Lehre, die in seiner Mitte entstanden ist, in die Tat umsetzen. Damit sind wir ihm Trost und Schutz. In uns darf es keinen Amalekismus geben.

Die Feindschaft

Der Begriff Antisemitismus, d. h. Semitenfeindschaft, ist relativ jung. Wilhelm Marr hat ihn zuerst 1879 in seiner Hetzschrift *Der Sieg des Judentums über das Germanentum* gebraucht. Die Geschichte des Antisemitismus jedoch, über den es hervorragende Literatur gibt, reicht weiter zurück. Im Rahmen dieser Schrift soll es nun nur um Einblicke in die ersten vier Jahrhunderte gehen, in denen dieser böse Same in das Christentum Einzug hielt.

Die Schoa (*Katastrophe, Vernichtung*), der Holocaust (*Brandopfer*), der Massenmord Nazideutschlands an den Juden, hat erschreckt. Viele sagen: *Nie wieder!* Das reicht nicht. Die Nazis haben den Antisemitismus nicht erfunden. Sie haben lediglich konsequent Hauptsätze einer antijüdischen Theologie in die Tat umgesetzt. Einer dieser Grundsätze lautet: Die Juden sind Gottesmörder und müssen vernichtet werden! Die deutsche Rassenlehre hat dem Antisemitismus noch eine weitere abscheuliche Variante hinzugefügt. Die judenfeindlichen Ideen jedoch stecken tief in unseren christlichen Knochen! Das Neue Testament wurde missbraucht, um dies hervorzubringen. Und so hängt über den so genannten christlichen Nationen eine Decke in Bezug auf Israel.

Morgen kann alles wieder passieren! Die Institution Kirche trägt die größte Verantwortung für die Entstehung des Antisemitismus. Diese Institution hat sich noch nicht aufgelöst. Sie besteht weiterhin. Das Hasspotential im christlichen Abendland gegenüber Israel ist ungebrochen groß. Judenhass kann sich nicht durch Erschrecken über die böse Tat in Luft auflösen, sondern nur durch Umkehr. Der eine Papst hat Judenverfolgungen verboten, der nächste hat sie wieder angeordnet. Und Politiker hängen – mit wenigen Ausnahmen – ohnehin ihr Mäntelchen nach dem Wind.

Vor dem Staat Israel verfolgte man die Juden in der Diaspora. Jetzt ist der Staat Israel der Bösewicht. Seit gewisser Zeit wird nämlich unterschieden. Warum? Der Staat Israel ist eine Demonstration des lebendigen Gottes! Das humanistische Europa will das nicht. Wobei der Hass auf Gott im Grunde oft nur Hass auf die Institution Kirche ist. Dennoch hasst man Israel. Oder man gibt sich neutral, was jedoch nicht mehr bedeutet, als dass man sich nicht offen gegen Israel äußern will.

Viele Christen haben Mitleid mit den *mit einer Decke verhangenen Juden* und wünschen nichts sehnlicher, als dass sie sich zu unserem westlichen, griechisch-römisch-germanischen Christentum bekehren und Christen werden wie wir. Nach dieser Auffassung sind wir das wahre Israel, *das Israel Gottes!* Israel ist Ziel missionarischen Eifers, doch weniger aus Liebe zu den Juden. Selbst viele Gruppen messianischer Juden würden ihrem Volk gern ein westliches Glaubensbild überstülpen. Denn sie kennen oft ihr Volk nur oberflächlich, wissen nichts von seiner Lehre. Wer als Heiden-Christ oder als messianischer Jude mit Juden über das Evangelium redet, der muss sachkundig und sensibel sein. Und wer Israel nicht aus Liebe und ganz praktisch mit Werken der Barmherzigkeit dienen und sich gründlich mit dem hebräischen Hintergrund des Glaubens beschäftigen will, der sollte es sein lassen, auf Juden einzureden.

Israel hat wahrgenommen, dass die Freikirchen ein Herz für Volk und Land haben (*christliche Zionisten,* die *Christliche Botschaft* in Jerusalem, Konferenzen, Laubhüttenfeste). Sie empfinden es als Segen, wenn christliche Organisationen soziale Einrichtungen in Israel mit großzügigen Spenden unterstützen. Das hilft den leidenden Juden, darf aber nicht als Hintertür zu aggressiver Missionstätigkeit missbraucht werden. *Mission* ist übrigens in Israel ein schlimmes Wort und sollte vermieden werden.

Die institutionellen Kirchen haben Manifeste gegen den Holocaust veröffentlicht, sehen den Judenstaat aber weiterhin kritisch. Die Einäugigkeit der EKD in Bezug auf die Palästinenser ist bekannt, wie auch das Verhalten des Lateinischen Patriarchen von Jerusalem mit seinen regelmäßigen Ausfällen gegen Israel. Die Mehrzahl der Touristen indes rekrutiert sich aus freikirchlichen Gläubigen, die aus innerer Überzeugung und aus Liebe zu Israel das Land besuchen. Selbst Asiaten und Lateinamerikaner zieht es vermehrt nach Jerusalem: aus Brasilien, Japan, Korea und China.

Das Herz der Judenfeindschaft heißt *Supersessionismus*, Ersatztheologie. Nach dieser Lehre hat die Kirche Israel ersetzt, d. h. Israel ist aus Gottes Heilsplan ausgeschaltet worden. Diese Hypothese wurde früh entwickelt und basiert auf Erfahrungen von Juden- und Heiden-Christen im ersten und zweiten Jahrhundert unserer Zeitrechnung. Nun ist damals innerhalb von 65 Jahren das Land Israel zweimal gründlich zerstört worden – in den Jahren 70 und 135 n. Chr. Hadrian verbot allen Juden, die in *Aelia Capitolina* umbenannte Stadt Jerusalem jemals wieder zu betreten. Unmittelbar zuvor hatte der von Rabbi Akiva zum Messias erklärte jüdische Führer Bar Kochba manche jüdische Brüder, die an Jesus glaubten, grausam foltern lassen und sie zum Kampf gegen die Römer gezwungen. Juden verfolgten ihre an Jesus gläubigen jüdischen Brüder, ließen aber die gläubigen Heiden in Ruhe. Diese unsäglichen Vorgänge in Judäa und vor allem in Jerusalem trugen zur Entstehung der Ersatztheologie bei. Dafür könnte man noch Verständnis haben. Wir haben aber heute den Vorteil, auf die Geschichte zurückzublicken und die modernen Ereignisse mitzuerleben. Das muss unsere theologische Position bereinigen. Unsere Väter hatten es nicht so leicht. Die Ersatztheologie gehört jetzt für immer in den Papierkorb. Die Väter haben sich geirrt. Wir korrigieren diesen Makel. Und tun einen weiteren Schritt heraus aus dem Sumpf der Judenfeindlichkeit. Und nun zur Geschichte.

Juden wurden im Land Israel schon unter den hellenistischen Seleuziden im 2. und 3. Jahrhundert vor Christus sporadisch verfolgt. Im Jahr 38 n. Chr. unter Kaiser Caligula traf es sie in der ägyptischen Stadt Alexandria besonders schwer (und noch einmal Anfang des 2. Jh.). Man brannte ihre Häuser nieder, jagte sie durch die Straßen und tötete sie. Caligula hatte befohlen, in den Synagogen und im Tempel in Jerusalem eine Kaiserstatue aufzustellen. Dem widersetzten sich die Juden.

Apostelgeschichte 16 erwähnt das Vertreibungsgesetz von Kaiser Claudius, das Juden (möglicherweise auch erste Christen) aus Rom verbannte. Juden waren in der Diaspora nicht immer beliebt. Sie hielten hohe Stellungen besetzt und genossen Sonderrechte, wie das auf Beobachtung von Sabbat und Feiertagen. So ist der Antisemitismus ein Kind der Kirche. Sie hat ihn theologisch begründet. Vieles bleibt im Dunkeln, wenn wir die Geschichte vernachlässigen. Darum sollen hier einige Ereignisse und Zusammenhänge, beschränkt auf die ersten vier Jahrhunderte, aufgezeigt werden. Sie sind zum Verständnis von Römer 9–11 wichtig.

Die frühe Kirche (1. bis 4. Jahrhundert)

Der Barnabasbrief

Schon relativ früh finden wir in der sich langsam formierenden christlichen Kirche polemische Schriften gegen das Judentum. Sie erinnern stellenweise an Passagen, die wir von Paulus kennen, namentlich aus dem Galater- und dem 1. Thessalonicherbrief, wo er immerhin mit freimütiger Schärfe über die Juden schreibt. Allerdings aus deutlich anderen Motiven und in anderer Gesinnung. Paulus liebte sein Volk, ohne seinen Schmerz über dessen Weg zu verbergen. Bei den späteren Schriftstellern indes vermissen wir den Ton und das tiefe Mitgefühl des Apostels. Das müssen wir unbedingt im Auge behalten, wenn wir die folgenden Beispiele betrachten, um Paulus mit diesen Leuten nicht in einen Topf zu werfen.

Die älteste Schrift, die harte Worte gegen die Juden enthält, ist der theologisch und literarisch wenig bedeutungsvolle Barnabasbrief. Zwischen der Zerstörung des Tempels und dem Aufstand Bar Kochbas entstanden, ist er mit seinen zahlreichen Allegorien kein wirklicher Brief. Der unbekannte Schreiber – mit Sicherheit jedoch nicht Barnabas, der Freund von Paulus – glaubt, das Israel des Alten Bundes sei von der Kirche Christi des Neuen Bundes abgelöst worden. Darum gibt es keine Opfer und keinen Sabbat mehr, sondern an dessen Stelle den Sonntag (Kap. 5,11-12):

> *… Also ist der Sohn Gottes dazu im Fleische erschienen, damit er das Sündenmaß voll mache für diejenigen, die bis zum Tode seine Propheten verfolgt haben. Zu diesem Zwecke also nahm er es auf sich. Denn Gott sagt, dass die Verwundung seines Fleisches von ihnen komme: Wenn sie ihren Hirten geschlagen haben, werden die Schafe der Herde zugrunde gehen …*

Obwohl von Theologen und Historikern nicht als gewichtig bewertet, macht der Barnabasbrief doch die Haltung gewisser einflussreicher Kreise in der jungen christlichen Kirche zum Judentum deutlich. Sie lehnte das Judentum ab.

Ähnlich äußerte sich Bischof **Ignatius von Antiochia**, ein Apostelschüler, der von Paulus in Antiochia zum Bischof geweiht worden sein soll, hohe Verehrung genoss und unter Trajan (98 – 117) als Märtyrer starb. In seinen *Briefen an die Magnesier und Philadelphier* sind Aussagen mit einer verwandten Ablehnung des Judentums erhalten.

> *Lasst euch nicht verführen durch die falschen Lehren und die alten Sagen, die nichts nützen; denn wenn wir bis jetzt nach dem Judentum leben, gestehen wir zu, dass wir die Gnade nicht empfangen haben … Wenn nun die nach dem alten Brauche lebten, umgekehrt zur neuen Hoffnung gelangt sind, indem sie nicht mehr den Sabbat halten, sondern ihr Leben nach dem Sonntag richten, an dem auch unser Leben aufgesprosst ist durch ihn und durch seinen Tod – was einige leugnen –, … wie werden wir leben können ohne ihn … Es ist nicht am Platze, Jesus Christus im Munde zu führen und nach dem Judentum zu leben. Denn der Glaube des Christentums führte nicht zum Judentum, sondern das Judentum zum*

> *Christentum, zu dem jegliche an Gott gläubige Zunge geführt worden ist* (An die Magnesier, Kapitel 8, 9 und 10).
>
> *Wenn aber bei euch einer judaistische Lehren verkündigt, so höret nicht auf ihn! Denn es ist besser, von einem Beschnittenen das Christentum zu hören als von einem Unbeschnittenen judaistische Lehren. Wenn aber beide nicht von Jesus Christus reden, dann sind sie für mich wie Grabsäulen und Totenkammern* ... (An die Philadelphier, Kap. 6).

Beide Autoren setzten viel Energie in die theologische Auseinandersetzung mit dem Judentum, gleichwohl kann man bei ihnen noch nicht von einem ausgesprochenen Judenhass sprechen. Ihre Formulierungen sind im Vergleich mit späteren Autoren weniger scharf.

Der *Dialog von Justin dem Märtyrer mit dem Juden Tryphon* soll sich in Ephesus abgespielt haben. Hinter dem Namen Tryphon soll sich, was nicht gesichert ist, der berühmte Rabbi Tarfon verbergen (ein Tannaït der Schule Schammais aus der dritten Generation, der zwischen 70 und 135 n. Chr. lebte, aus priesterlichem Hause stammte und seinen jüdischen Brüdern, die an Jesus glaubten, große Bitterkeit entgegenbrachte. Er versprach nach B. T. Shab. 116a, jedes ihrer Bücher, das in seine Hände fallen würde, zu verbrennen.). Christ und Jude streiten über die Messianität Jesu, die Sünden der Juden, die Verwerfung des Messias usw. Sie schenken sich nichts. Justin nennt die Juden hartherzig, streitsüchtig, unvernünftig, blind, lahm und seelenkrank. Er macht in seinen Schriften die Juden nicht nur für deren eigene Sünden verantwortlich, sondern auch für die der anderen Völker und kommt zu dem Schluss, dass sie darum schlimmer seien als diese. Unverblümt erklärt er, dass sie Gott nicht kennen, darum auch ihre Propheten verworfen haben und von ihren eigenen Lehrern irregeführt sind. Justin kann seine Verbitterung über *das sündhafte Volk der Juden* nicht zähmen. Seine Schrift fand weite Verbreitung und kann ohne Zögern als Wegbereiter für Judenfeindlichkeit in der frühen christlichen Kirche gelten.

Marcion

Im wohlhabenden Reeder Marcion (auch Markion) aus Sinope in Pontus begegnen wir einer neuen Dimension. Marcion ist schärfer und nachdrücklicher. Um 140 nahm er in Rom den römisch-christlichen Glauben an und wurde Mitglied der Kirche, der er beträchtliche Summen stiftete. Aber schon bald geriet er unter den Einfluss des syrischen Gnostikers Kerdon, dessen Irrlehre er in seinem Sinn vervollständigte, so dass ihn Bischof Eleutherius im Jahr 144 aus der Kirche ausschloss. Marcion starb etwa 180. Irenäus und Tertullian griffen gegen Ende des 2. Jh. seine Irrlehre auf und wetterten dagegen, da sie hartnäckig in Rom und weiten Teilen des Reiches grassierte. Ohne Erfolg.

Marcions Lehre kann so zusammengefasst werden:

> *Der Gott des Alten Testaments war nicht der Vater Jesu; denn Gott ist gütig und voller Liebe, der Gott aber des AT ist zornig, böse und hinterlistig. Außerdem spielt er sich als Richter auf. Diese widersprüchlichen Eigenschaften sind nach Marcions Meinung unvereinbar in einer Person. Er nannte den Gott des AT einen Demiurgen, einen bösen Weltschöpfer. Jesus war Sohn des wahrhaftigen, verborgenen Gottes der Liebe, wurde aber nicht geboren und starb nur in einem Scheinleib. Gott kann nicht mit Materie verbunden werden. Die Schriften des AT sind ungültig. Nur was Lukas und Paulus geschrieben haben, kann angenommen werden.*

So stutzte er die heiligen Schriften zurecht, wählte einzig Lukas aus, strich aber auch hier die Geburt Johannes des Täufers und Jesu und begann erst im Kapitel 3,14 mit der Begründung, die Lehre Jesu sei von den jüdischen Aposteln verfälscht worden. Von Paulus, der nach seiner Meinung das Judentum bekämpft hatte, ließ er nach einigen Korrekturen nur zehn Briefe gelten: Römer, beide Korintherbriefe, Galater, Epheser, Philipper, Kolosser, beide Thessalonicherbriefe sowie Philemon. Marcion stellte somit als erster einen NT-Kanon zusammen.

Wir kennen von Marcion zwei Werke: *Antitheseis* (Gegensätze zwischen AT und NT) und *Kanon* (das von jüdischen Einflüssen bereinigte NT). Er lehrte strenge Askese, völlige Enthaltsamkeit und Ehelosigkeit. Seine Gegner waren von seiner konsequenten Lebensführung beeindruckt. Marcion kann als frühester bedeutender christlicher Vertreter einer ausgesprochenen Judenfeindlichkeit angesehen werden. Seine Lehre wurde von der Kirche zwar verworfen, verbreitete sich aber trotzdem – bis heute. Sie fiel auf fruchtbaren Boden, weil bereits judenfeindliche Tendenzen in der Kirche weit verbreitet waren.

Irenäus (130–190 bzw. 202), ein Schüler Polykarps von Smyrna und Bischof von Lyon, sowie Tertullian (ca. 156–220) konnten trotz der hohen intellektuellen Schärfe, mit der sie wie auch andere Lehrer der frühen Kirche Marcions Lehre vehement bekämpften, das gestreute Gift nicht ausmerzen: Judenfeindlichkeit und Ablehnung der hebräischen Bibel, des AT. Das NT ist demnach dem AT überlegen. Begründet wird das damit: Jesus hat das Gesetz erfüllt und damit abgeschafft. Parallel zum AT wird das Judentum abgelehnt. Diese Lehre, bewusst oder unbewusst nachgebetet, ersetzt das bedeutungslos gewordene jüdische Israel durch das wahre, geistliche Israel, die Gemeinde.

Johannes Chrysostomus – *der Goldmund*

Nach Marcion verfeinerte die Kirche die Thematik und baute ihre judenfeindliche Theologie aus. Das mündete in der Anklage vom *Gottesmord* der Juden mit der Forderung: Dafür gehört ihnen eine schreckliche Strafe. Und die muss schon auf der Erde beginnen. Johannes Chrysostomus von Antiochia spielte mit seinen Homilien gegen die Judaïsierer bzw. gegen die Juden eine besondere Rolle. Viele Christen fühlten sich zunehmend von der Pracht der jüdischen Synagogengottesdienste und Feste, besonders des Laubhüttenfestes angezogen und schwänzten die Gottesdienste. Das ärgerte ihn.

Johannes Chrysostomus (etwa 344/354 in Antiochia am Orontes geboren) entstammte einer wohlhabenden Familie. Sein Vater starb früh. Trotzdem erhielt er eine solide Erziehung unter dem einflussreichen griechischen Rhetor Libanius, einem Heiden, der ihn zum Anwalt und Rhetor ausbildete. Im Jahr 372 kam es zur Wende. Er ließ sich in der berühmten Patriarchalkirche in Antiochia taufen, studierte Bibelauslegung und lebte vier Jahre in völliger Zurückgezogenheit als Einsiedler in der Wüste. Eine Krankheit zwang ihn, nach Antiochia zurückzukehren. Bischof Meletius weihte ihn zum Diakon, dessen Nachfolger Flavius I. zum Presbyter bzw. Priester.

Sein Redetalent brachte ihm den Namen *Goldmund*, *Chrysostomus*, ein. In zahlreichen Homilien, Briefen, Abhandlungen und Liturgien trat er erfolgreich an die Öffentlichkeit. Im Jahr 398 berief ihn Arkadius, der Kaiser des Oströmischen Reiches, zum Patriarchen von Konstantinopel. Sein Herz schlug für die Armen, er schuf Krankenhäuser und mildtätige Einrichtungen und übte herbe Kritik am Luxusleben der Reichen. Das trug ihm Missgunst und den Hass der Kaiserin Eudoxia ein. Johannes wurde 403 abgesetzt, 404 nach Armenien verbannt, später zwar kurz zurückgerufen, dann aber erneut in die Einsamkeit der Verbannung im Taurusgebirge geschickt, wo er am 14. September 407 den schweren Strapazen erlag.

Trotz seiner temperamentvollen Predigten gegen die Judaïsierer – seine Zielgruppe waren Christen, die die Synagoge besuchten, und solche, die gern manche jüdische Praxis ins Christenleben zurückgeholt hätten – ist Johannes selbst wohl kaum als ausgesprochener Antisemit anzusehen. Seine Worte sind scharf, sogar boshaft, vor dem Hintergrund des Gesamtzusammenhangs jedoch und weil sie in erster Linie an Christen gerichtet sind, die mit dem Judentum liebäugelten, muss man relativieren. Gleichwohl übten seine Reden eine tiefe Wirkung auf die Hörer aus – sie mussten zwangsläufig judenfeindlich reagieren. Johannes zeigte ihnen mit überzeugenden Argumenten das Verwerfliche ihrer Handlungen: Keine Sympathie für das Judentum, kein Synagogenbesuch – beides ist vor Gott ein Gräuel. Seine Begründungen sind theologisch zwar nicht tiefgründig, erscheinen aber eingängig und logisch und haben sich bis heute nicht abgenutzt. Darum steht er in der Reihe derer, die den Grundstein für eine harte judenfeindliche Haltung der Kirche legten. Das ist ihm gelungen. Wir kommen später auf seine Reden zurück.

Ein kurzer Blick in die damalige Zeit, das christliche und jüdische Leben sowie die heidnischen Einflüsse, ist des Zusammenhangs wegen notwendig. Hellenismus und Heidentum waren die bestimmenden Elemente der Gesellschaft. Im hellenistischen Antiochia war das Erziehungssystem heidnisch. Die Kinder studierten Homer, Euripides und Demosthenes und lernten die klassischen Werte des Griechentums kennen: Ehre, edle Geburt, Mut, Stolz auf die Stadt. Rückgrat des Systems war im Blick auf die Kinder eine Literatur voller Mythen, die von Göttern schwärmte.

Die christliche Gemeinde in Antiochia, die aus den Tagen der Apostel stammte, besaß Ländereien, konnte auf bedeutende Bischöfe verweisen und war nicht ohne Einfluss auf die Gesellschaft. Christliche Schulen gab es jedoch nicht. Was die Kinder und Jugendlichen an christlicher Ausbildung mitbekamen, erhielten sie in der Kirche. Man hatte über christliche Schulen noch nicht nachgedacht. Hieronymus und Augustinus beklagten mit anderen Zeitgenossen, dass sich christliche Eltern auch in anderen Teilen des Reiches zu wenig um die christliche Erziehung ihrer Kinder kümmerten: *Sie lehren die Kinder nicht lesen, um die Schrift zu lesen, sondern um ein Mann zu werden!*

Neben der christlichen gab es in Antiochia eine starke jüdische Gemeinde. Da sich die christlichen Aufzeichnungen ausschließlich der frühen Kirche widmen, entsteht der Eindruck, das Judentum sei bedeutungslos und schwach geworden, namentlich nach den beiden schweren Kriegen und der Zerstörung des Tempels. Das stimmt so nicht. Christen nahmen die beiden Zerstörungen anders wahr als Juden. Sie hatten die Jesusworte über die Zerstörung des Tempels nie vergessen und sahen darin etwas Unumkehrbares im Gegensatz zu den betroffenen Juden selbst.

Das Judentum brachte damals eine Fülle hervorragender Leiter hervor, Rabbiner von großer Weisheit, die den verstreuten

Juden in Palästina und Syrien zur Seite standen und in schwerwiegenden Fragen Antworten gaben. Antiochia hatte sich etwa seit der Mitte des 2. Jh. vor der Zeitrechnung als ein jüdisches Zentrum entwickelt, vor allem als Sprungbrett nach Babylon und Persien. Selbst Babylon war damals ein bedeutendes jüdisches Zentrum. Innerhalb und außerhalb von Antiochia gab es zahlreiche jüdische Siedlungen. Nach Josephus trugen die Juden von Antiochia den speziellen Namen *Antiochener.*

Der Judaismus übte in Antiochia Einfluss auf die heidnische Umwelt aus. Die Konsequenz und geistige Tiefe beeindruckten die Heiden. Dass dennoch so wenig über das Judentum damals bekannt ist, liegt an der theologischen Position des Christentums, das sich als das wahre Israel ansah und sich auch so nannte. In der jüdischen Diaspora und selbst in Palästina entwickelte sich das religiöse Leben weiter und kam zu neuer Blüte. In Antiochia schickten die Juden ihre Kinder auf heidnische Schulen, ließen ihnen die beste hellenistische Bildung angedeihen, um mit den reichen Christen und Heiden später Schritt halten zu können.

Diese lebendige jüdische Gemeinde faszinierte viele Christen. Viele von ihnen überlegten sich, ob es nicht besser wäre, in die Gottesdienste und das tägliche Leben mehr jüdische Elemente hineinzunehmen, zumal Jesus nie von der Auflösung des Gesetzes gesprochen und selbst als frommer Jude vor den Augen seines Volkes gelebt hatte – so argumentierten sie! Sie besuchten die Synagogen und hatten Gemeinschaft mit Juden. Oft war ihr Platz in der Kirche leer, obwohl sie nie beabsichtigten, diese zu verlassen. Bisweilen ließen sie sogar ihre Kinder beschneiden und lebten nach jüdischer Weise.

Neben den judaïsierenden Christen, Gläubigen aus den Heiden mit einer weitgehend jüdischen Lebensweise, die mit ihrer Haltung zu Spannungen, Irritationen und Spaltungen beitrugen, lebten in Antiochia auch Judenchristen, an Jesus gläubige Juden, die nach ihrer Bekehrung zu Jesus weiterhin in der Synagoge blieben. Sie hatten in manchen Bereichen zwar gewisse christliche Lebensformen angenommen, führten aber ein typisch jüdisches Leben. Sie lebten von den Christen aus den Heiden isoliert. Diese jedoch erwarteten, ihr Glaube an Jesus müsse sie aus der Synagoge hinaus in ein heidenchristliches Leben führen.

Christen und Juden hatten viele Berührungspunkte, an denen sie sich rieben. Besonders das Datum des christlichen Auferstehungsfestes, Ostern, gab Anlass zum Streit. Bis heute ist für Juden die Tatsache, dass Christen sich weigern, Ostern zu gleicher Zeit zu feiern wie sie das Pessach, das Indiz dafür, dass Christen mit Juden nichts gemein haben wollen und sie verachten. Das Gleiche betrifft den Sabbat. Der Sonntag erinnert Juden schmerzlich an diese Trennung.

Für Johannes waren die leeren Bänke ein Hinweis darauf, dass in der Synagoge mehr Herrlichkeit und Echtheit sein müsse als in der Kirche. Das war für ihn unerträglich. Für ihn gab es z. B nichts am christlichen Kalender mit den Daten der Feste zu rütteln. Das war gültig. Darum verstand er nicht, wie Christen sich bei den Festen nach dem jüdischen Kalender richten konnten und damit die Verbindlichkeit des christlichen Kalenders in Frage stellten. *Ebenso wie ein römischer Soldat nicht mit Persern oder Barbaren sympathisieren kann, kann ein wahrer Christ etwas mit Juden zu tun haben* (Adversus Iudaeus 1,4). Johannes war im Gegensatz zu seinem Zeitgenossen Hieronymus kein Gelehrter und regte sich darüber auf, dass ausgerechnet die Juden im Besitz der heiligen Schriften waren: *Das ist der Grund, warum ich die Juden hasse. Sie haben das Gesetz und die Propheten. Ja, ich hasse sie mehr deswegen, als wenn sie diese Bücher nicht hätten* (Adv. Iud. 6,6). Der Streit entzündete sich hauptsächlich an rituellen Dingen: Kalender, Feste, Sabbat, Pessach und Ostern, Jom Kippur, Sukkoth, Taufen, Märtyrerverehrung, Tora usw. Diese wurden von beiden Seiten unterschiedlich gehandhabt.

Und sie beeinflussten das Verhältnis zwischen Juden und Christen. Ihre theologische Bedeutung war eher gering, der Ritus war wichtig. Nahm jemand am Ritus teil, tat er das wahrhaft Richtige und war Teil davon. So sahen in Städten mit gleich starken christlichen und jüdischen Gemeinden christliche Leiter genau darauf, dass keines der eigenen Glieder den jüdischen Sabbat beobachtete. Man feierte, wenn die Juden fasteten, und fastete, wenn sie feierten, um die Überlegenheit des Christentums hervorzuheben.

Ein weiterer Punkt ist von hervorragender Bedeutung: der Tempel in Jerusalem. Jesus hatte seine Zerstörung eine Generation zuvor vorausgesagt. Zwei weitere Generationen später wiederholte sich das Drama. Hadrian gab Jerusalem einen heidnischen Namen und verbot den Juden, die Stadt je wieder zu betreten. Die Juden selbst sahen in den Ereignissen den Zorn Gottes über ihre Sünden. Talmud und Midrasch nennen als Gründe Götzendienst, Unzucht und Blutvergießen, Verachtung der Propheten. Keiner der Rabbinen indes sah ein Indiz dafür, dass Gott sich von seinem Volk Israel abgewandt habe. Doch Jahrzehnte und Jahrhunderte gingen dahin, anders als bei der Babylonischen Gefangenschaft; die nur 70 Jahre gewährt hatte.

Unter Kaiser Julian dem Gottlosen keimte kurz Hoffnung auf. Julian setzte alles daran, den Tempel wiederaufzubauen. Für ihn waren die Christen eine Verfälschung des Judentums und Jesus ein falscher Prophet, dessen Aussage, der Tempel würde nicht mehr wieder aufgebaut werden, durch Taten widerlegt werden musste. In der Schrift *Gegen die Galiläer* setzt er sich mit den für ihn falschen Ansprüchen der Christen auseinander. Für ihn gehörten Opferriten zur Religion. Darum war der Wiederaufbau des Tempels unabdingbar für eine Wiederbelebung des Judentums.

Die Arbeiten begannen im Frühjahr 363. Was dann geschah, lässt sich nicht rekonstruieren. Es gibt widersprüchliche Berichte. Es soll Feuer ausgebrochen sein, das die Anlagen vernichtete. Julian kam kurz darauf in Kämpfen gegen die Perser ums Leben. Das Werk wurde eingestellt. Der Eifer war nutzlos. Die Aussage Jesu und die der Christen bestätigte sich: *Der Tempel wird nicht mehr gebaut!* Die Juden haben dieses Vorhaben damals unterschiedlich beobachtet. Die einen waren glücklich, die anderen abwartend. Zeitgenössische jüdische Kommentare sind rar; Juden haben erst später darüber geschrieben. Christliche Autoren waren deutlicher und sahen sich in ihrer theologischen Auffassung bestätigt. Johannes ging in seinen Homilien, vor allem in der 7., auf die Bedeutung des Gesetzes, die Ausübung der jüdischen Riten und die Stellung des Tempels ein. *Seit Christus*, so sagt er, *ist das alles bedeutungslos.*

Antiochia bietet im 4. Jh. ein Bild reger religiöser Tätigkeit. Doch trotz Spannungen kommt es nicht zu feindlichen Aktionen. Gleichwohl weiß man von wenigen, nicht symptomatischen Fällen von Aggression. Christen fühlen sich von jüdischen Gottesdiensten angezogen und machen daraus keinen Hehl. Die Leiter sehen das mit Sorge und reagieren scharf. Johannes Chrysostomus setzt mit seinen acht Homilien gegen die Judaïsierer seine ganze rednerische Begabung ein, um Christen zurückzuhalten. Seine scharfen Worte dienen später als Grundlage für die antisemitische theologische Hetze des Christentums. Darum ist Johannes Chrysostomus ein wichtiges Glied in der langen unglückseligen Kette theologischer Entgleisungen im Verhältnis zwischen Kirche und Judentum. Seine Homilien beweisen, wie auch unsere jüngste Geschichte, dass hervorragende Rhetorik Massen stärker beeinflusst und besser überzeugt als wirkliche Argumente.

Auszüge aus den Homilien *Adversus Iudaeos* – *gegen die Judäer bzw. Juden* von Johannes Chrisostomus:

Homilie 1:

> … Und so sind sie bedauernswert, denn sie haben die ihnen gesandten Segnungen verworfen, während andere sich dieser Segnungen bemächtigt haben. Obgleich diese Juden vorher zu Söhnen adoptiert wurden, sind sie in die Stellung von Hunden zurückgefallen; wir, die wir Hunde waren, empfingen durch Gottes Gnade die Kraft, die falsche Natur abzulegen und zur Ehre von Söhnen aufzusteigen.
>
> … Nichts ist elender als dieses Volk, das nie fehlte, seine Rettung anzugreifen. Als das Gesetz zu beobachten war, zertrampelten sie es unter ihren Füßen … Obwohl solche

Tiere für die Arbeit nicht taugen, taugen sie zum Töten. Und das ist mit den Juden geschehen. Während sie sich selbst unfähig gemacht haben für die Arbeit, wurden sie bereit für die Schlachtung. Darum hat Christus gesagt: Und diese meine Feinde, die nicht wollten, dass ich König über sie wäre, bringt sie her und tötet sie!

Homilie 2:

... Habt ihr nicht in meiner vorigen Rede das Argument gehört, das deutlich beweist, dass Dämonen in den Seelen der Juden und an den Orten wohnen, wo sie sich versammeln? Sagt mir nun, ihr Judaisierer, wie habt ihr den Mut, nachdem ihr mit Dämonen getanzt habt, zur Versammlung der Apostel zurückzukehren? Wenn ihr mit denen, die das Blut Jesu vergossen haben, Gemeinschaft habt, wie fürchtet ihr euch nicht, an dem heiligen Mahl teilzunehmen und sein kostbares Blut zu trinken?

... Sie haben Christus gekreuzigt, den ihr als Gott anbetet. Seht ihr diesen großen Unterschied? Warum denn lauft ihr zu denen, die Christus geschlagen haben, wenn ihr doch sagt, dass ihr den anbetet, den sie kreuzigten?

Homilie 4:

Wiederum fasten die Juden, die miserabelsten und jämmerlichsten Menschen, und wiederum müssen wir die Herde Christi vor ihnen schützen *(Es folgt eine Begründung mit den Gefahren, die durch Wölfe ausgehen – Bem. d. Autors)* ... Heute aber umgeben die Juden, die weitaus gefährlicher sind als alle Wölfe, meine Schafe; darum muss ich mit ihnen fechten und sie bekämpfen, so dass keins meiner Schafe diesen Wölfen zum Opfer fällt.

Homilie 5:

Ihr Juden habt ihn gekreuzigt. Nachdem er aber am Kreuz gestorben war, hat er eure Stadt zerstört; er war es dann auch, der euer Volk zerstreut hat; er war es, der euch unter alle Nationen der Erde zerstreut hat. Weil er das getan hat, ist es der Beweis dafür, dass er auferstanden ist und im Himmel lebt.

Bem. d. Autors: Johannes weist auf die Zerstörung Jerusalems und den Versuch des Kaisers Julian, den Tempel aufzubauen, und fragt: Streitet ihr Juden noch immer wegen dieser Frage? Seht ihr nicht, dass ihr verflucht seid durch das Zeugnis, das Christus und die Propheten vorausgesagt haben und das durch die Tatsachen bestätigt ist?.

Homilie 6:

Wenn bloß gesprochene Worte den Mund nicht heilig machen können, macht dann die Gegenwart der Heiligen Schriften einen Ort heilig? Wie denn? Das ist mein tiefster Grund, warum ich die Synagoge hasse: Sie hat das Gesetz und die Propheten. Und nun hasse ich sie mehr, als wenn sie keine derselben hätte. Aus welchem Grund? Weil sie im Gesetz und den Propheten eine größere Verlockung und viele Schlingen haben, um die einfachen Menschen zu bezaubern …

Das ist auch der Grund, warum ich die Juden hasse. Sie besitzen zwar das Gesetz, gebrauchen es aber in unverschämter Weise. Sie versuchen nämlich, die einfältigeren Gemüter mit Hilfe des Gesetzes zu verführen.

Homilie 7:

Ihre Trompeten waren eine größere Beleidigung als die, die man in den Theatern hört. Ihre Feste waren schändlicher als irgendein Betrunkener. So sind auch die Zelte, die sie jetzt zusammengestellt haben (gemeint sind die Laubhütten – Bem. d. Übers.), nicht besser als die Wirtshäuser, wo die Huren und die Flöterinnen ihren Aufenthalt pflegen.

Homilie 8:

... Diejenigen, die zu dem Fasten gegangen sind, sind unter die Räuber gefallen, die Juden. Und die Juden sind wilder als alle Wegelagerer zusammen. Sie tun denen, die unter sie gefallen sind, Schlimmeres an ... Die Juden haben die Seele ihres Opfers verletzt, ihm zehntausend Wunden zugefügt und es in der Grube der Gottlosigkeit liegen gelassen.

Die Weigerung

Wo ist Israel schuldig geworden? Was hat Gott so erzürnt, dass Israel eine Zeit lang verstockt worden ist? Es gibt Antworten darauf. Wir finden sie in Begebenheiten des Alten und Neuen Testaments. Dass die Juden Jesus von Nazaret als Messias abgelehnt haben, ist letztlich auch die Folge einer ganz besonderen Haltung. Israel hat eine spezielle Aufgabe, die der Bundesgott ihm ausdrücklich aufgetragen hatte, nicht gelöst und so eine Kette von fatalen Entwicklungen ausgelöst.

Nazaret

Lk 4,17-29: *Da wurde ihm das Buch des Propheten Jesaja gereicht. Und als er das Buch auftat, fand er die Stelle, wo geschrieben steht: Der Geist des Herrn ist auf mir, weil er mich gesalbt hat, zu verkündigen … Und als er das Buch zutat, gab er's dem Diener und setzte sich. Und aller Augen in der Synagoge sahen auf ihn. Und er fing an, zu ihnen zu reden: Heute ist dieses Wort der Schrift erfüllt vor euren Ohren. Und sie gaben alle Zeugnis von ihm und wunderten sich, dass solche Worte der Gnade aus seinem Munde kamen, und sprachen: Ist das nicht Josefs Sohn? … Und alle, die in der Synagoge waren, wurden von Zorn erfüllt, als sie das hörten. Und sie standen auf und stießen ihn zur Stadt hinaus und führten ihn an den Abhang des Berges, auf dem ihre Stadt gebaut war, um ihn hinabzustürzen.*

Ein bedeutungsvoller Tag im Leben der kleinen Gemeinde Nazaret, und im Leben von Jesus. Nazaret wird in der jüdischen Literatur erst spät und auch nur einmal erwähnt – so dass man glaubte, es handele sich dabei um eine christliche Erfindung. In der Nähe, etwa zwei Stunden zu Fuß entfernt, liegt Sepphoris (Zípori), die griechische Stadt, ein modernes hellenistisches Zentrum, das im NT nicht erwähnt wird. Ein riesiger Gegensatz zum bedeutungslosen Nazaret, das heute als eine der größeren Städte in Israel vornehmlich von christlichen Arabern bewohnt wird.

Jesus hat den ehrenvollen Auftrag erhalten, den letzten von sieben Abschnitten aus der Tora vorzulesen und daran anschließend auch die Haftara, d. h. den entsprechenden Abschnitt aus den Propheten. Das besagt die Redewendung *er stand auf, um zu lesen*, d. h. wenn jemand *aufsteht, um zu lesen*, liest er aus der Tora vor. Nach dem letzten Teil der Tora folgt die Haftara. Jesus nimmt das wahr und setzt sich dann, um zu lehren.[2]

Während uns der betreffende Abschnitt der Tora nicht überliefert ist (man kann ihn nicht rekonstruieren), nennt Lukas den Abschnitt aus dem Propheten Jesaja. Der Text im AT lautet so:

> *Der Geist des Herrn Herrn ist auf mir; denn der HERR hat mich gesalbt, Armen gute Botschaft zu verkündigen; er hat mich gesandt, die gebrochenen Herzen zu verbinden, den Gefangenen Freiheit auszurufen und den Gebundenen völlige Freiheit, auszurufen das angenehme Jahr des Herrn.*
>
> Lukas überliefert einen etwas veränderten Text: *Der Geist des Herrn ist auf mir, weil er mich gesalbt hat, zu verkündigen das Evangelium den Armen; er hat mich gesandt, zu predigen*

2 Es ist nicht gesichert, dass es damals tatsächlich diese Einteilung der Toralesung gegeben hat. Darüber gibt es unterschiedliche Meinungen. Prof. Dr. Shmuel Safrai †, Jerusalem, beweist allerdings, dass es sich bei diesem Ausdruck um den ältesten schriftlichen Hinweis in der jüdischen Literatur handelt für die Tatsache, dass man bereits in der Zeit des Zweiten Tempels zur Lesung der Tora aufstand – wie bereits bei Esra, s. Neh 8. Ähnlich verhält es sich mit der Namensgebung und Beschneidung von Johannes sowie der Darstellung Jesu im Tempel Lk 2, den frühesten jüdischen literarischen Belegen für diese Tatsachen.

> *den Gefangenen, dass sie frei sein sollen, und den Blinden, dass sie sehen sollen, und den Zerschlagenen, dass sie frei und ledig sein sollen, zu verkündigen das Gnadenjahr des Herrn.*[3]

Das Zitat selbst löst noch keine Proteste aus. Als Jesus aber das Wort *er hat mich gesalbt* auf sich bezieht und damit vor den jüdischen Ohren sagt: *Ich bin der Messias* (*der Gesalbte*), sind sie sehr aufgeregt: *alle gaben ihm Zeugnis und wunderten sich über die Worte der Gnade, die aus seinem Mund hervorgingen; und sie sprachen: Ist dieser nicht der Sohn Josefs?*

Was steht da? Ein hebräischer Muttersprachler, der diese Passage aus dem Griechischen ins Hebräische (zurück-) übersetzt, liest das so: *Sie widersprachen ihm und wunderten sich über die Schandworte* (Ketzerei, Irrlehre), *die aus seinem Mund hervorgingen ... Worte der Gnade* (hebr. *divrei chessed*) ist eine hebräische Redewendung und bedeutet soviel wie *Ketzerei, Irrlehre.*[4]

Die Leute in Nazaret regen sich über die ketzerischen Worte von Jesus auf, sie *zeugen* dagegen! Was das Fass zum Überlaufen bringt, ist Jesu Bemerkung zu Elia und Elisa, die beide Heiden

---

3 Ob Jesus hier bewusst ein hebräisches Wortspiel mit Texten aus Jes 57,15 und Jes 42,7 verknüpft, was anzunehmen ist, weil er aus der hebräischen Bibel vorgelesen hat, oder ob Lukas bei seiner Niederschrift später aus der Septuaginta (LXX) zitiert, kann nicht geklärt werden. Im hebräischen Text von Jes 61 fehlt der Satz, den wir in der LXX und bei Lukas finden: *den Blinden, dass sie sehen sollen.* Dort steht: ... *er hat mich gesandt, die gebrochenen Herzen zu verbinden.* Dieser fehlt in einigen griechischen Handschriften des NT (wie in den neuen deutschen Übersetzungen des NT), in anderen ist er zu finden.

---

4 Im Hebräischen werden verächtliche oder üble Ausdrücke oft durch so genannte Euphemismen (Beschönigungen) wiedergegeben. So sagt Hiobs Frau: ***Fluche** Gott und stirb!* Im hebräischen Text steht aber: ***Segne** Gott und stirb!* Im Zusammenhang jedoch bedeutet *segne!* einfach *fluche!* So steht es im deutschen Text. Oder Spr 14,34: *Gerechtigkeit erhöht eine Nation, aber Sünde ist die **Schande** der Völker.* Für *Schande* steht im hebräischen Text *chessed*, d. h. *Gnade, Güte, Liebe.* Genauso 3Mo 20,17: *das ist eine **Schande**, und sie sollen ausgerottet werden ...* Auch hier *chessed – Gnade, Liebe.* Eine Eigenart der hebräischen Sprache. Ein Übersetzer, der den Text aus dem Hebräischen überträgt, weiß das. Das aus dem griechischen Text zu erkennen, ist erheblich schwieriger, weil der Übersetzer in der Regel sich mit Hebräisch weniger gut auskennt.

dienten! Gott ist auch Heiden ein gnädiger und barmherziger Gott. Alle Menschen, nicht nur Israel, sollen Rettung erfahren. Erbost jagen sie Jesus aus der Synagoge und wollen ihn einen Abhang hinabstürzen.

Jona

Ein Blick in die Geschichte von Jona, der etwa 800 Jahre zuvor unweit von Nazaret in Gat-Hefer lebte, gibt uns weitere Einsichten. Er war ein treffsicherer Prophet und sagt Israels Blütezeit unter Jerobeam II. richtig voraus. Dann sendet Gott ihn nach Ninive, damit er der Stadt den baldigen Untergang verkünden soll. Für Jona war das eine gute Botschaft, war doch Ninive eine Hauptstadt der erbitterten, grausamen Feinde, der Assyrer. Doch er findet ein Haar in der Suppe, etwas stört ihn. Nicht, dass er sich gefürchtet hätte oder der Inhalt der Botschaft ihm etwas missfallen hätte. Nein, er wäre wohl auch der richtige Mann gewesen, um sich zu Sowjetzeiten mit einer ähnlichen Botschaft auf den Roten Platz in Moskau zu stellen und diesem Reich den Untergang zu verkünden. Und die Assyrer waren zu ihrer Zeit nicht zimperlicher als die Sowjets. Nein, Furcht hat er nicht. Und so geht er schließlich auch nach Ninive und kündigt den Menschen den unabwendbaren Untergang an. Vielleicht so: *In vierzig Tagen geht diese Stadt unter.* Am nächsten Tag: *In neununddreißig Tagen geht diese Stadt unter.* Und so weiter. Was sich dann abspielt, liest sich im Original so (Jona 3,5-10):

> *Da glaubten die Leute von Ninive an Gott; und sie riefen ein Fasten aus und kleideten sich in Sacktuch von ihrem Größten bis zu ihrem Kleinsten … und sie sollen umkehren, jeder von seinem bösen Weg und von der Gewalttat, die an seinen Händen ist. Wer weiß, vielleicht wendet sich Gott und lässt es sich gereuen und kehrt um von der Glut seines Zornes, so dass wir nicht umkommen. Und Gott sah ihre Taten, dass sie von ihrem bösen Weg umkehrten. Und Gott ließ sich das Unheil gereuen, das er ihnen zu tun angesagt hatte, und er tat es nicht.*

Welcher Evangelist hätte da nicht gejubelt? Eine Stadt mit 120 000 Einwohnern bekehrt sich restlos! Doch Jona sieht das anders (Jona 4,1): *Und es missfiel Jona sehr, und er wurde zornig.* Warum? Warum nur ist er böse? Hier ist seine Begründung (Jona 4,2-3):

> *HERR! War das nicht meine Rede, als ich noch in meinem Land war? Deshalb floh ich schnell nach Tarsis! Denn ich wusste, dass du ein* ***gnädiger*** *und* ***barmherziger*** *Gott bist, langsam zum Zorn und groß an* ***Güte****, und einer, der sich das Unheil gereuen lässt. Und nun, HERR, nimm doch meine Seele von mir! Denn es ist besser, dass ich sterbe, als dass ich lebe!*

Jona kann Gottes Güte, Gnade und Barmherzigkeit den Heiden gegenüber nicht begreifen! Der hebräische Text nennt hier die drei wichtigsten Ausdrücke für göttliche Zuwendung und Vergebung: *chessed, chen* und *rachamim. Chessed*, die ewige unveränderliche Liebe, Gnade und Güte Gottes, die Basis für seinen Bund mit Abraham und mit Israel am Sinai; zu Recht mit *Gnade* wiedergegeben. *Chen* ist sein Wohlwollen, seine Gnade (*Noah fand Gnade*), wenn er jemand vor dem Bösen bewahren will. Und *rachamim*, ein Wort nur in der Mehrzahl, *Barmherzigkeit*, die größer ist als die einer Mutter.[5]

Jona hat in vielen Jahren der Gemeinschaft seinen himmlischen Auftraggeber gründlich erkannt. Er musste befürchten, der Herr könne sich doch noch der Menschen in Ninive erbarmen, Und so ist es in der Tat geschehen. Was er befürchtet hat, ist eingetroffen! *Ich habe geahnt. Jetzt stehe ich hier in meiner Schande! Du lässt die Heiden leben, hast dich ihrer erbarmt! Und ich bin der Dumme.* Gat-Hefer und Nazaret liegen nahe beisammen. Jonas Gesinnung auch in Nazaret? Was hat sich seit Jona geändert?

---

5 Die Wurzel dieses Wortes ist Mutterschoß, *rechem*. Barmherzigkeit ist das Gefühl, das eine Mutter überwältigt, wenn sie ihr frisch geborenes Kind vor sich sieht. So erbarmt sich Gott über Menschen.

Von Abraham zum Sinai

Noch einmal zurück in die Vergangenheit. Zu Abraham. Ein altes rabbinisches Gleichnis erzählt, warum Abraham erwählt wurde. Jesus wird es gekannt haben. Es veranschaulicht die erhabene Anerkennung Abrahams bei Gott und seinen Zeitgenossen. Gott suchte bei der Erschaffung der Welt in Vorahnung der bösen Generationen nach einem Mann, auf den er die Fundamente der Welt legen konnte:

> *Ein König will seinen Palast auf gewachsenen Felsen gründen. Nach mehreren vergeblichen Versuchen findet er einen Felsen. Hier werde ich bauen, sagt er und legt das Fundament. So sah Gott Abraham und sagte: Auf diesen Felsen kann ich die Fundamente der Welt legen.*

Die Geschichte ist in mischnaisch-hebräischer Sprache mit einer interessanten Einzelheit überliefert. Das Wort *Felsen* wird nicht mit dem von Jesaja verwendeten hebräischen Wort *zur* wiedergegeben, sondern mit dem griechischen Wort *petra*, wie es dort auch in der Septuaginta steht. Aber jetzt als Lehnwort (ähnlich gebrauchen wir englische Ausdrücke). *Petra* ist das Wort, das Jesus gebraucht, als er Petrus (griech. *petros* = Stein) die Schlüssel des Himmelreichs zusagt (damals war *Petros* kein Eigenname, weder bei Juden noch bei Griechen). Ohne Zweifel eine Anspielung auf Abraham, den Felsen Israels (Jes 51,1-2). Abraham und Petrus als treue Haushalter, Gottes Werk zu führen.

Gottes Antwort auf die Rebellion in Babel, *„wir wollen uns einen Namen machen!"*, ist eine einzelne Person! Abraham! Durch ihn wirkt er. Durch ihn baut er ein neues Volk auf. Durch ihn wird sich zeigen, dass nur einer einen großen Namen hat: Gott. Gott sagt aber auch: *„Ich werde deinen Namen groß werden lassen"*, wie später zu David. Andere erobern Länder und Völker mit Gewalt, Schwert und Mord. Abraham wird die Herzen der Menschen gewinnen durch Güte, Menschenfreundlichkeit und Selbstlosigkeit. Die Erfahrungen auf seinem langen Weg mit Gott gibt er an seine Mitmenschen weiter, lässt sie teilhaben an *Strömen lebendigen Wassers*. Segen, den er erlebt und den er an seine Nächsten weitergibt. Diese Aufgabe wird er viele Jahre seines Lebens beharrlich und zielbewusst erfüllen.

Zur Rücksichtslosigkeit einer Menschheit, der jegliches Gefühl für das Wohl des Nächsten abhanden gekommen ist, ist Abraham ein Kontrast mit dem Ruf zum *Da-Sein* für andere. Er wird sich dem Heil seiner Mitmenschen widmen inmitten einer feindlichen, groben, verrohten, entarteten und gottlosen Umwelt, der Egoismus und Selbstverwirklichung (Individualismus) als Lebenszweck über alles geht. So gibt es Isolierung und Trennung auf der einen, aber auch Zusammenleben, Hineinwirken in die Umwelt durch ein aufopferungsvolles Beispiel auf der anderen Seite.

Abraham als Mahnmal höchster menschlicher Eigenschaften aus der Gemeinschaft mit Gott. Das Gegenteil vom zersetzenden Wesen gesetzlicher Frömmigkeit, von Gottlosigkeit in frommem Gewand. Dafür gibt es keinen Segen. Gemeinschaft mit Gott führt zu einem ganz und gar anderen Mensch- und Menschlichsein als bloße Religiosität oder Humanismus.

Abraham erfährt wahre Lebensqualität und gibt sie weiter. Wer das nicht will, erfährt nichts Gutes. Gott sagt sinngemäß: *Wer auf deiner Seite ist und dir Gutes gewährt, auf dessen Seite werde auch ich sein und seine Lebenskräfte mehren, aber wer dir die materiellen Mittel verringert, wer dir die Fülle schmälert, den werde ich innerlich ausdörren, dem werde ich die innere Kraft und die Lebensfähigkeit nehmen.*[6] Wer seinen Nachkommen, den Hebräern, die Existenz beschränkt, dem nimmt Gott die Fähigkeit der eigenen Fortentwicklung.

Abram nahm seine Frau Sarai und Lot, den Sohn seines Bruders, und all ihre Habe, die sie erworben, und die Leute, die sie in Haran gewonnen hatten, und sie zogen aus ... (1Mo 12,5). Abra-

6 Das Wort, das hier für *Fluch* steht, ist mit *Rad* verwandt, das ohne Bodenhaftung sich immer dreht, ohne Ruhepunkt. Der Mensch ist zu leicht, unstet und flüchtig! Dagegen lebt Abraham in der Ruhe Gottes und besitzt darin auf seinem Weg die Bodenhaftung, die Reibung, die jedem seiner Schritte die notwendige Sicherheit gibt, ohne auszugleiten.

ham nimmt neben seiner Frau Sara auch seinen Neffen und dazu seine ganze bewegliche Habe mit, alles, was er durch Fleiß und Arbeit in Haran erworben hat. Aber er besitzt noch mehr. Und das ist der entscheidende Punkt. Sein Wirken hat den Menschen gegolten. Darum nimmt er *die Seelen* mit, die er in Haran *gebildet, gewonnen, gemacht hat.* Ein Ausdruck, der unsere Aufmerksamkeit verdient. Abraham hat seine Aufgabe begriffen, Menschen für Gottes große Sache zu gewinnen: Missionsarbeit! Nach rabbinischer Lehre(!) nämlich hat Gott Abraham nach Kanaan befohlen, um die Amoriter durch das Vorbild seines gerechten Lebens vor dem Verderben zu warnen und sie zu retten! So sagt eine antike Auslegung im Blick darauf: ... *so bringst auch du die Fernstehenden nahe und reinigst sie für ihren Vater im Himmel* (*Midr. Bereschit Rabba*, Par. 39, V.2)!

Abraham holt sich nicht einfach nur Knechte und Mägde, sondern *Seelen*, d. h. Menschen, Personen. Das Wort *machen* im Originaltext wird mit *gewinnen*, *bilden* usw. wiedergegeben und hat nach alter tannaïtischer Tradition in Verbindung mit dem Wort *Seelen* die Bedeutung von *neu schaffen*. Auch Gott hat *neu geschaffen* – 1. Mose 1 und 2. Das ist der innere Zusammenhang. Diese *neu geschaffenen Personen*, Abrahams Dienerschaft, folgen seinem geistigen Weg aus Überzeugung. Nicht als Mitläufer oder Opportunisten. Sie stehen in klarem Gegensatz zu Lot, der an seiner Seele nicht arbeiten lässt; denn er bleibt bei seiner materialistischen Grundhaltung, die ihn auffallend von seinem Onkel unterscheidet. Er wird sesshaft in Sodom und ist auch nach seiner dramatischen Rettung durch Abraham und seine mutige Mannschaft weder bereit wieder mit seinem Onkel zusammenzuarbeiten noch Sodom zu verlassen.

Jesus kennt diesen rabbinischen Sprachgebrauch und benutzt ihn in seinem Gespräch mit Nikodemus (von *oben her* bzw. *von neuem geboren werden*). Im erwähnten Auslegungswerk steht: *Abraham machte Proselyten unter den Männern und Sara unter den Frauen. Wer einen Heiden nahe zu Gott bringt und ihn bekehrt, ist wie einer, der ihn* ***erschaffen*** *hat* (Kap. 39,14). Schon hier begegnet uns die Tätigkeit von Jesus (und von Paulus) als Lehrer von

Jüngern sowie der Missionsbefehl, der die Rettung der Welt einschließt! Wie wir sehen, ist dies uraltes rabbinisches Gedankengut!

Abraham wohnt im Land. Das hebräische Wort für *wohnen* heißt nicht *im Boden wurzeln*, sondern betrifft das Verhältnis zu den Mitmenschen,[7] das friedliche Miteinander. Abraham, der *Hebräer, der jenseits Stehende* – Rabbinen haben ihn den ersten Protestanten genannt –, befindet sich zu seinen Mitmenschen zwar in einem gewissen Gegensatz, einem notwendigen Widerspruch. Aber er stellt sich nicht über andere. Er sucht ihre Gemeinschaft, bewahrt dabei aber eine gesunde Distanz. Abraham ist ihnen Nachbar, Nächster, Freund (*reah* – 3Mo 19,18) – trotz des inneren Abstandes. Das bewahrt ihn vor der Übernahme ihrer entarteten Gebräuche und ihres Götzendienstes.

Dann das Außergewöhnliche. Mamre, auf dessen Eigentum Abraham wohnt, und dessen Brüder Eschkol und Aner sind von der Persönlichkeit des Hebräers so beeindruckt, dass sie ihn in ihren Bund aufnehmen – *die waren Abrahams Männer des Bundes* (diejenigen, von denen die Initiative ausging, ihn in ihren Bund aufzunehmen!). Hinzu kommen 318 *Hausgeborene, Zöglinge, Jünger*, um die er sich gekümmert hat. Sie sind ihm nicht nur als ihrem Herrn, sondern auch als ihrem geistigen Vorbild gefolgt, d. h. sie haben seine Denkweise übernommen und haben hinfort ihrer Bestimmung gelebt, den ethischen Monotheismus auszubreiten!

Fazit: In einer heidnischen Umwelt hat Abraham Männer (und Frauen) herangebildet und sie für ihre Aufgaben tüchtig gemacht. Mit ihnen und den Männern des Bundes rettet er Lot und die Bewohner der fünf Städte aus der Gefangenschaft: Familie! Gemeinde! Reich Gottes! Abraham hat Gottes Ruf nach Kanaan als einen *missionarischen Ruf* begriffen und ist ein Segen für seine Umwelt. Gott gibt den Menschen durch Abraham – wie später durch Isaak, Jakob und Joseph – eine Chance.

---

7 Der Ausdruck begegnet uns im bekannten Begriff für die ruhende Herrlichkeit des Herrn, die *Schechina*. Gott will unter den Menschen wohnen. Er will bei uns bleiben. Seine Nähe soll auf uns wirken und uns verändern. Gott will uns Nächster sein.

Jakob empfängt Weisung. Auf seiner Flucht vor Esau hat er eine Begegnung, wörtlich einen *Zusammenstoß* mit einem Ort (oder: *er begegnete einer Stätte*) und mit dem lebendigen Gott, der ihm sagt: *Du wirst durchbrechen nach Westen und nach Osten, nach Norden und nach Süden* ... Hier steht das Verb von *perez, Durchbrecher.* Ein Begriff, der uns unmittelbar an die Ausbreitung des Reiches Gottes erinnert. Micha 2,12-13 spricht vom *Durchbrecher.* Nach rabbinischer Ansicht ein Wort, das auf den Messias zielt. Der *Durchbrecher, porez,* ist mit dem vor dem Messias erscheinenden Elias identisch. Daran erinnert Jesus, wenn er in Mt 11,12 sagt: ... *von den Tagen Johannes des Täufers an bis jetzt wird dem Reich der Himmel Gewalt angetan, und Gewalttuende reißen es an sich.* Die grammatische Form des Verbs erlaubt die Übersetzung: *Von den Tagen Johannes des Täufers an bis jetzt bricht das Reich der Himmel durch, und die durchbrechen, reißen es an sich.* Im Stammbaum Jesu Mt 1,3 ist Perez, der Sohn Judas von dessen Schwiegertochter Tamar, einer der Vorväter Jesu. Ausgerechnet er. Er war ein *Durchbrecher* (1Mo 38). Jakob hört, dass mit seinen Nachkommen das Reich Gottes weltweit durchbrechen wird!

Am Sinai mahnt Gott sein Volk (2Mo 19,5-6): *Werdet ihr nun meiner Stimme gehorchen und meinen Bund halten, so sollt ihr mein Eigentum sein vor allen Völkern; denn die ganze Erde ist mein. Und ihr sollt mir ein Königreich von Priestern und ein heiliges Volk sein.* Klingt der Missionsbefehl von Jesus nicht ähnlich?

Ganz Israel als ein königliches Priestervolk zum Segen für alle Völker! Nach Zählung der Rabbinen sind dies insgesamt 70 Völker. Doch diese universale Berufung Israels reduzierte sich nach der Katastrophe mit dem Goldenen Kalb auf eine einzige Familie – Aaron – und einen Stamm – Levi!

Das Beispiel Abrahams und dieses Sinaiwort waren schon früh für die Weisen Israels Gottes klare Aufforderung, den einzig wahren Gott, den ethischen Monotheismus, den Glauben an einen Gott, der zu heiligem Leben verpflichtet, allen Völkern mitzuteilen. Dazu dienten die heiligen Schriften, aber auch das vorbildliche, hinsichtlich Moral und Ethik an der Tora ausgerichtete Leben! Genau dies geschah jedoch nicht, jedenfalls nicht so, wie Gott es wollte, mit nur wenigen Ausnahmen. Zwar kamen unter David und Salomo auch Ausländer nach Israel, aber das hielt sich in Grenzen.

Die Zeit zwischen den Testamenten

Israel hat als von Gott erwähltes Elitevolk seine Aufgabe an den Völkern nicht wahrgenommen. Seine Lebensqualität durch Tora und Gottes Nähe sollte die umliegenden Völker retten, stattdessen übernahm Israel deren heidnische Sitten und Lebensweisen. Das musste in der Katastrophe enden.

In den Jahrzehnten und Jahrhunderten nach Esra entwickelte sich das, was Demokratisierung des jüdischen Gottesdienstes genannt wird. Überall, in Erez Israel und in der Diaspora, entstanden Synagogen. Man versammelte sich nicht mehr nur unter der Leitung von Leviten und Priestern, sondern auch unter Lehrern aus dem Volk, die in der Schrift ausgebildet waren. Eine neue Frömmigkeit entstand, Gruppierungen wie die der Pharisäer bildeten sich, die späteren Bewahrer jüdischer Lehre. Die Hasmonäer befreiten sich in heldenhaften Kämpfen vom Joch des barbarischen Antiochus IV. Epiphanes, der den Tempel verunreinigt hatte, und richteten ein jüdisches Reich auf, das etwa 80 Jahre währte. Es umfasste fast so viel Territorium wie das Reich Davids, zerbrach dann aber durch blutige bürgerkriegsähnliche Auseinandersetzungen, so dass Pompejus im Jahr 63 v. Chr. mühelos das Land erobern und zu einer römischen Provinz machen konnte. Vorbei mit der Selbständigkeit! Man hatte die Römer zu Hilfe gerufen! Gegen die eigenen Brüder!

Als die Zeit erfüllt war, fand Jesus ein Judentum vor, das mehr als zweihundert Jahre lang von großartigen Männern Gottes geprägt worden war. Leider wissen wir nur wenig von ihnen. Sie hatten als *Chassidim* und *Pharisäer (Ausgesonderte),* Konzepte wie Buße (Umkehr zu Gott), Taufe, Reich Gottes usw. entwickelt, auf die Johannes der Täufer und Jesus aufbauen konnten. Als sie die Menschen zur Buße riefen, weil *das Reich Gottes ist da*[8] ist, wussten die Juden genau, wovon diese Propheten sprachen.

Jesus hat in seiner engeren Heimat eine schroffe Ablehnung erfahren. Die Haltung der Leute von Nazaret – wie auch die von Jonas – ist typisch für eine bestimmte religiöse Haltung: *Wir sind die Elite, die Heiden sind unrein* (diese Haltung ist etwas überspitzt, doch zutreffend; wir begegnen dieser Haltung regelmäßig in der jüdischen Literatur). Sogar Jesus selbst hatte kaum Berührung mit Heiden. Sein Dienst galt zuerst den Juden. Nichtjuden behandelte er allerdings durchweg freundlich. Nach jüdischen Vorstellungen sollten die Heiden erst mit dem Kommen des Messias einen Platz im Reich Gottes haben, mit Israel in der zentralen Rolle als Segensvermittler für die Welt.

Jerusalem

Jesus hat bei mehreren Gelegenheiten sein Herzensanliegen formuliert: *Das Evangelium muss hinaus in die ganze Welt! In Jerusalem, in Judäa, in Samaria und in die entfernten Winkel der Erde! Zu allen Nationen!* Von Zion in die ganze Welt hinaus. Das hatte Gott schon am Sinai gewollt, so haben es Jesaja und Micha wiederholt! Für diese Aufgabe versprach er den Jüngern die Ausrüstung mit dem Heiligen Geist, die sie zum Abschluss der Weizenernte erlebten: Bereits kurz darauf brachte Petrus 3000 lebendige Garben ein!

Wer nun glaubte, schon bald würden die Apostel und ihre Mitarbeiter hinausziehen nach Betlehem, Jericho, Nazaret, Kapernaum und in andere Städte, zu den Samaritanern sowie zu den unter ihnen lebenden Heiden, von denen viele in den Synagogen zu finden waren (die *anbetenden Heiden),* um ihnen das Evangelium zu bringen, der wird ernüchtert sein. Die Gemeinde in Jerusalem wächst und wächst, Tausende bekehren sich. Aber von einer weiter

8 Der Ausdruck *das Reich Gottes ist nahe herbeigekommen* ist ein Hebraismus mit der Bedeutung, dass das Reich Gottes da ist. Bis zur völligen, sichtbaren Übernahme der Herrschaft Gottes ist *Reich Gottes* die Bewegung von Jesus, die sich durch Umkehr bewusst der Herrschaft Gottes verpflichtet hat. Durch sie breitet sich die Herrschaft Jesu in der Welt aus.

gehenden Missionierung hören wir nichts. Erst als ein junger begabter Mann namens Stephanus in einer der Synagogen mit seiner Verkündigung von Jesus Widerspruch erregt und gesteinigt wird, ändert sich die Situation. Viele Gläubige werden vertrieben und flüchten, andere werden gefangen genommen, gefoltert, getötet. Ein Mann namens Saulus spielt dabei eine führende Rolle. Gläubige finden in Alexandria, Zypern, Antiochia usw. eine neue Heimat und gründen neue Gemeinden außerhalb von Jerusalem. Philippus predigt in Samaria und erlebt eine regelrechte Erweckung.

Nach Jahren besucht Petrus die kleine Gemeinde in Joppe, heute Jaffa/Tel Aviv, eben jenen Hafen, von dem aus Jona nach Tarsis fliehen wollte. Er ist dabei nahe am Meer bei einem Gerber namens Simon untergebracht. Ein wenig privilegierter Beruf, vor allem wegen des unausstehlichen Gestanks (für die Frau eines Gerbers hatte das jüdische Ehegesetz sogar besondere Ausnahmeregeln vorgesehen). So geht Petrus an die frische Luft, auf das Dach, zum Beten. Wir finden diese Ereignisse in Apostelgeschichte 10 beschrieben.

Der römische Hauptmann Kornelius in Caesarea hatte einige Tage zuvor eine übernatürliche Erscheinung gehabt. Ein Engel forderte ihn auf, Männer nach Joppe zu senden, um Simon Petrus zu holen. Der Heide sehnt sich nach Gott, was nicht zuletzt in Werken der Gerechtigkeit, Almosen, seinen Ausdruck findet. Gott bereitet den Apostel vor, der nach seiner Ankündigung *Ich gehe jetzt beten!* nach einer Weile Hunger verspürt und um etwas zu Essen bittet. Während er wartet und betet, wird er auf dem Dach von einer Vision überrascht:

> *Er sieht den Himmel geöffnet und ein Gefäß, ... darin waren allerlei vierfüßige und kriechende Tiere der Erde und Vögel des Himmels. Und eine Stimme erging an ihn: Steh auf, Petrus, schlachte und iss! Petrus aber sprach: Keineswegs, Herr! Denn niemals habe ich irgend etwas Gemeines oder Unreines gegessen ... was Gott gereinigt hat, mach du nicht gemein!*

Die Verwirrung von Petrus ist verständlich. Das weiß auch der Herr; denn als unmittelbar darauf drei Männer von Kornelius nach ihm fragen, schärft der Geist Gottes ihm ausdrücklich noch mal ein: *Steh auf, geh hinab und zieh mit ihnen, ohne irgend zu zweifeln, weil ich sie gesandt habe!* Wäre er ohne diese Aufforderung wirklich gegangen, trotz der Offenbarung? Nun jedoch folgt Petrus.

Was im Haus von Kornelius geschieht, ist heilsgeschichtlich nachgerade revolutionär: Ein frommer Jude, der sich an die Vorschriften der Väter hält, betritt einfach so das Haus eines Heiden und verkündigt dem Hausherrn sowie dessen zahlreichen Freunden das Evangelium. Das ist nicht selbstverständlich und völlig gegen die Tradition. Doch darum kümmert sich Gott nicht. Er lässt unter außerordentlichen Begleiterscheinungen den Heiligen Geist auf diese ganze Gruppe fallen. Petrus und seine Freunde sind erstaunt und glücklich: *Diese Leute müssen nach einer so starken und klaren Manifestation des Heiligen Geistes auch getauft werden. Sie haben Gott so erlebt wie wir. Er hat keinen Unterschied gemacht.* Die Frage der Trennung von Juden und Heiden scheint erledigt. Jedenfalls für Petrus. Seine neue Freiheit zeigt sich auch darin, dass er, als er gebeten wird noch einige Tage dort zu bleiben, diese Einladung annimmt und bleibt.

Schnell ist die Gemeinde in Jerusalem über diese Dinge informiert. So etwas spricht sich schnell herum. Und in Jerusalem geht es Petrus an den Kragen: *Als Petrus nach Jerusalem hinaufkam, stritten die aus der Beschneidung mit ihm und sagten: Du bist bei unbeschnittenen Männern eingekehrt und hast mit ihnen gegessen! Petrus aber fing an und setzte es ihnen der Reihe nach auseinander* ... Er kann nichts Klügeres tun, als die ganze Geschichte von Anfang an zu erzählen und mit dem Satz zu schließen: *Wer war ich, dass ich hätte Gott wehren können?* Endlich beruhigt man sich und ... *sie verherrlichten Gott und sagten: Dann hat Gott also auch den Nationen die Buße gegeben zum Leben.* Eine späte Erkenntnis und eine schwere Geburt! Wir können das kaum nachvollziehen. Für die Gemeinde in Jerusalem ist es aber eine vollkommen neue Erkenntnis: Gott hat auch den Heiden die Umkehr zum Leben gegeben! Das hätte sie allerdings schon zu Jesu Zeiten begreifen können – nicht erst so spät.

Die Gemeinschaft eines Juden mit einem Heiden in dessen Haus war problematisch. Die Speisevorschriften waren und sind streng. Gefäße und Speisen müssen koscher sein. Gefäße für Milchspeisen dürfen mit Gefäßen für Fleisch nicht in Berührung kommen. Das Fleisch muss koscher geschlachtet sein. Zwischen dem Verzehr von Fleisch und Milch müssen mehrere Stunden vergehen. Wenn umgekehrt ein Heide bei einem Juden zu Gast ist, ist das für den Juden nicht ganz so schwierig. Einige Beispiele aus dem Traktat *Avoda Sara* (Götzendienst) aus dem Talmud Jeruschalmi (Jerusalemer oder Palästinischer Talmud, der älter ist als der bekanntere und meist gebrauchte Babylonische Talmud) zeigen, was das bedeutet:

> *Diese Dinge von Heiden sind verboten, und ihr Verbot ist nicht ein Verbot der Nutznießung (nur des Genusses): Milch, die ein Heide melkt, ohne dass ein Israelit dabei sieht, ihr Brot und Öl und Gekochtes. Rabbi und sein Gerichtshaus erlaubten den Genuss beim Öl. Ferner: Eingelegtes, in das die Heiden Wein oder Essig zu tun pflegen, zerhackter Salzfisch, Fischlake, in der keine Fische sind, Fischsalat, ein Stück von Stinkasant* (dem Knoblauch ähnliche Gewürz- und Heilpflanze und Würzsalz). *Diese Dinge von Heiden sind verboten, und ihr Verbot ist nicht ein Verbot der Nutznießung (nur des Genusses).* 2,9 (6).

> *Diese Dinge von Heiden sind zum Genuss erlaubt: Milch, die eine Heide melkt, und ein Israelit sieht ihn dabei. Honig, reife Traubenbeeren – auch wenn sie auslaufen, ist an ihnen nichts wegen des Fähigmachens zur Unreinheit durch Flüssigkeit zu befürchten, Eingelegtes, in das die Heiden nicht Wein oder Essig zu tun pflegen, Salzfisch, der nicht zerhackt ist, Fischlake, in der Fische sind, Blätter von Stinkasant, wie Semmelbrot gerollte Oliven* (frischere Olivenkuchen) 2,10 (7).

> *Wer Gebrauchsgeräte für Mahlzeiten von einem Heiden kauft, taucht die, die üblicherweise untergetaucht werden zur Erlangung ihrer Reinheit, unter, kocht die, die üblicherweise ausgekocht werden, aus, und brennt die, die üblicherweise im Feuer ausgebrannt werden, aus. Einen Bratspieß und einen Bratrost brennt man im Feuer aus, und ein Messer schleift man, und es ist wieder rein.* 5,15 (12).

Die Vorschriften für einen Juden im Umgang mit Heiden waren streng. Ein Jude konnte kaum im Haus eines Heiden verweilen, geschweige denn bei ihm essen oder übernachten. Ständig konnte er sich verunreinigen. Insofern war der Besuch von Petrus bei Cornelius tatsächlich überaus mutig und revolutionär.

Einsichten

Das Volk Israel des Alten Bundes hat, anders als Abraham, seine Aufgabe nicht erfüllt, ein Priestervolk für die ganze Welt zu sein, ein Licht für die Heiden, und erlebte darum Zerstörung und Zerstreuung unter alle Völker der Erde. Auch die neue jüdische Gemeinde in Jerusalem unter der Leitung der Apostel beging den gleichen Fehler. Die starke Bindung an die jüdische Tradition spielte hierbei eine ausschlaggebende Rolle. In der Praxis erweist sich das Speisegesetz (Kaschrut) als sehr hohe Barriere für einen engeren Kontakt zu Heiden, während wir eher in Beschneidung und Sabbat das große Hindernis sehen würden. Doch Gemeinschaft mit Heiden bedeutet vor allem Tischgemeinschaft. Will man Menschen nahe kommen, muss man mit ihnen essen. Das weiß jeder Missionar. Und die jüdischen Speisegesetze waren streng.

Nun sind Traditionen an sich völlig in Ordnung. Sie sind Teil jeder Kultur. Und innerhalb der Traditionen gibt es notwendige Ausnahmen und Freiheiten. Jesus hat sie genutzt und sich dennoch nicht anstößig verhalten, auch wenn das in den Fällen, als *einige* (offensichtlich strengere) *Pharisäer* gegen seine Heilungen am Sabbat oder seine Nachlässigkeit beim Händewaschen protestierten, so aussehen mag (Die Diskussionen darüber waren damals noch in vollem Gange und wurden erst später im Judentum fixiert). Davon haben seine Jünger profitiert. Sie sollten auf ihre große Aufgabe, den Heiden das Evangelium zu bringen, vorbereitet werden, wo sie komplexen Problemen hinsichtlich Arbeit und Speisen begegnen würden. Mit Sicherheit hat Jesus mit ihnen auch über weitergehende Fragen gesprochen, und doch vermochten sie sich ihren Traditionen nicht völlig zu entziehen. Etwas, was in ihrem jüdischen Umfeld richtig und von Vorteil war. Bei den Heiden mussten sie ihre Tradition jedoch um des Evangeliums willen beiseite lassen und mit den zu rettenden Menschen ein enges Verhältnis pflegen! Wie Abraham. Traditionen können blind machen, weil Gott auch außerhalb von Traditionen segnet!

Die Gemeinde in Jerusalem hatte bis zu ihrer Auflösung Schwierigkeiten mit der Tatsache, dass Gott sich auch der Heiden erbarmt. Dabei sagen die Propheten Jesaja und Micha sehr klar, dass von Zion Weisung, Tora, ausgehen muss: die Lehre von Mose (5Mo 18,15): „*Einen Propheten wie mich* (den Messias nämlich, Anm. d. Autors) *wird dir der HERR, dein Gott, aus deiner Mitte, aus deinen Brüdern, erstehen lassen. Auf ihn sollt ihr hören*“, sowie von den Propheten und den Aposteln. Ausdrücklich zu diesem Zweck versprach Jesus die Gabe des Heiligen Geistes. Damals lautete die Frage: *Darf auch Heiden das Evangelium verkündet werden?* Heute lautet sie ironischerweise genau umgekehrt: *Darf auch Juden das Evangelium verkündet werden?* Und weiter: müssen Juden, die an Jesus als ihren Messias glauben, ihre jüdische Lebensweise aufgeben und die heidenchristliche Lebensart annehmen? Damals fragte man sich: Müssen Heiden sich beschneiden lassen, müssen sie das ganze jüdische Religionsgesetz mit allen Überlieferungen halten oder nicht? Das stand stärker im Vordergrund als die Frage nach der Messianität Jesu. Entscheidend war: Muss das Gesetz Mose aufgeben, wer an Jesus glaubt? Paulus wurde in Jerusalem mit dem Vorwurf verhaftet: *Du lehrst den Abfall vom Gesetz des Mose!* Nicht: *Du predigst Jesus von Nazaret als Messias!*

Auch wir leben fest zementiert in unserer Tradition. Einmal ehrlich! Halten wir etwa weniger gesetzlich an unserem Sonntag fest als fromme Juden am Sabbat? Wir rühmen uns der Freiheit, alles zu essen. Ist das nicht genauso gesetzlich? Würden wir vorbehaltlos oder auch nach einigem Zögern tun, was man von uns erwartet, wenn wir mit Juden zusammen sind? Erhofft unsere Christenseele tief, tief unten nicht, dass Juden, die an Jesus glauben, ihrem Judentum abschwören? Ist nicht ein an Jesus gläubiger Jude erst dann echt, wenn er Schweinefleisch isst, am Sonntag ruht und am Sabbat arbeitet? Vertreten wir Juden gegenüber nicht eine rücksichtslose, intolerante Freiheit! Dabei hat Jesus die Verkündigung des Evangeliums als eine kulturübergreifende Aufgabe verstanden. Für dieses hohe Ziel brachte er sein Opfer, und dafür müssen auch wir alle Opfer bringen. Die Apostel mochten zwar in ihrer Tradition stehen, sie mussten aber auch flexibel sein, wenn sie Heiden die gute Botschaft brachten – und viele waren es, wie die Geschichte lehrt (Thomas ging sogar bis nach Indien). Da gab es keine Rücksicht auf das Judentum mehr. Und dieses Prinzip gilt bis heute.

Die Vision

Die Kapitel 9 bis 11 des Römerbriefes werfen ein helles Licht auf einige bedeutsame Tatsachen. Wir erleben Paulus mit seiner Vision von der Erlösung Israels und der Nationen. Eine Vision, die er seiner Begegnung mit dem Auferstandenen verdankt. Dann aber werden wir auch Zeugen, wie Jesus den Gelehrten Saulus von Tarsus, einen Mann, der das Potenzial hatte, einer der bedeutendsten Rabbinen zu werden, zu einem Menschen geformt hat, der nicht nur ungewöhnliche Erkenntnisse weitergibt, sondern gleichzeitig Demut, Liebe und Selbstverleugnung offenbart, während sein Schaffen eine dramatisch hohe Dynamik aufweist. Was für eine Schau, was für eine seltene Dichte und Weite! Und was für ein ungewöhnlicher Charakter, der seine tiefen Einsichten so mitteilt, dass niemand sich an die Wand gedrückt fühlt! Darin ist er seinem Meister, dem er zu dessen Lebzeiten in Erez Israel nie begegnen konnte, ähnlich. Jesus hat Paulus gründlich umgestaltet. Sicher profitiert der Apostel auch von seinen bei Gamaliel erworbenen Fähigkeiten.

Doch das Licht der Begegnung mit Jesus überstrahlt alles, darum ist auch seine Vision nicht so leicht zu verstehen. In der Argumentation ist sie typisch rabbinisch, semitisch, dynamisch. Es ist dies eine wichtige Voraussetzung für unser Verständnis, damit wir nicht dem Irrtum verfallen, Paulus sei gegen Gesetz und Judentum und wolle ein vom Judaismus völlig losgelöstes Christentum, wie viele Theologen behauptet haben. Paulus schreibt als jüdischer Gelehrter im Kontext seiner Zeit mit großer Liebe zu seinem Volk, erleuchtet durch den Heiligen Geist.

Seine Vision – die Gläubigen aus Israel und aus den Nationen sind eine Herde mit nur einem Hirten – treibt ihn unermüdlich an. Strapazen und persönliche Angriffe durch jüdische oder nicht-jüdische Widersacher hindern ihn nicht, seinen Auftrag aus der verborgenen Kraft heraus zu erfüllen, von der er sagt: *Ich vermag alles durch den, der mich stark macht.* Immer und immer wieder liest man den Römerbrief und auch andere seiner Schriften und wird nicht müde, den Titanen bei seinen temperamentvollen Gedankenentwicklungen zu erleben. Und ihn zu genießen. Die Kapitel 9 bis 11 sind der triumphale Höhepunkt des Römerbriefes, eine einmalige Verteidigungsschrift für sein Volk Israel, und zwar für die, welche glauben, und die, welche nicht glauben. In allem wird sichtbar: Paulus ist ein Mann mit einem großen Herzen. Vorteile gibt er auf. Anstöße will er vermeiden. Er will Menschen gewinnen, nicht sich selbst durchsetzen. Er brennt für die eine Sache: Alle müssen das Evangelium erfahren. Welch ein ungewöhnlicher Charakter.

Wenn er von *Heiden* spricht, meint er die Gläubigen aus den Heiden, die Juden nennt er regelmäßig *Israel.* Keine Frage, die nichtjüdischen Gläubigen leben nicht als Heiden, auch nicht als Juden, sondern nach der Orientierung, die sie durch die Apostel aufgrund der Schriften des Ersten Bundes empfangen haben. Paulus unterscheidet zwar begrifflich, schon rein zwangsläufig, vermeidet aber jegliche inhaltliche Trennung zwischen beiden. Weder Juden noch Heiden können jeweils für sich in Anspruch nehmen, dass der Neue Bund nur ihnen gilt. Erinnert sei an Eph 2,12: *dass ihr ... zu jener Zeit ohne Christus wart, ausgeschlossen vom Bürgerrecht Israels und Fremdlinge hinsichtlich der Bündnisse der Verheißung; ihr hattet keine Hoffnung und wart ohne Gott in der Welt.*

Paulus zählt fünf Dinge auf, die für die nichtjüdischen Gläubigen vor ihrer Bekehrung zum Messias galten:

- Sie waren *ohne Christus*, ohne Messias, d. h. ohne das ausschließlich und eindeutig jüdische Konzept eines Welterlösers, der als der Gesalbte Gottes für alle Menschen der Retter ist.
- Das *Bürgerrecht Israels* schloss bis zum Kommen des Messias die Heiden aus. Wer das Bürgerrecht Israels besaß, musste aller-

dings gemäß den Verordnungen der Tora leben. Er hatte nicht nur Vorzüge, sondern auch Pflichten. Das gab es für die Heiden nicht. Seit sie gläubig geworden sind, haben auch die Heiden die Verpflichtung zu einem heiligen Leben.

- Dann: Hinter der einen großen *Verheißung* (Einzahl), dass der Messias kommt, stehen *Bündnisse*, mit Abraham, am Sinai und zuletzt der Neue Bund, der alle Menschen, die willig sind, Gott zu dienen, einschließt. Diesen Bündnissen gegenüber waren die Heiden Fremdlinge. Der Neue Bund schließt Israel nicht aus, sondern schließt neben Israel auch die Heiden ein!
- Die Heiden hatten keine reale *Hoffnung*. Für sie war der Cäsar Herr und Gott. Was die Fürsten als Frieden oder Wohlstand propagierten, musste in Hoffnungslosigkeit enden. Die Heiden waren von der Hoffnung ausgeschlossen, dass ein Fürst kommt, dem alle grenzenlos vertrauen dürfen.
- Zuletzt: *ohne Gott in der Welt*. Was die Heiden für Gott hielten und anbeteten, war kein wahrer Gott, sondern nur ein Trugbild. An anderer Stelle (1Kor 10,20-21) sagt Paulus, dass die Anbetung von Götzen nichts anderes ist als Verehrung von Dämonen. Durch die Verkündigung einer Erkenntnis aus Israel sind die Heiden mit dem wahren, dem lebendigen Gott in Berührung gekommen. Sie haben zum ersten Mal am eigenen Leib erfahren, dass Gott den Menschen nahe kommt und sie mit Liebe umfängt. Gott belehrt sie über seine Wege, er schließt mit ihnen einen Bund und lehrt sie das halten, wodurch ihr Leben auf Erden sinnvoll ist und wie sie ewiges Leben haben. Darum sprechen wir vom ethischen Monotheismus im Gegensatz zu Polytheismus und Atheismus ohne moralische und ethische Werte. Davon waren die Heiden vorher ausgeschlossen.

Über die Ausführungen von Paulus für sich selbst nachzudenken, ist eine Sache, eine andere, darüber zu schreiben. Dennoch ist es der Versuch wert. So möchte ich im Folgenden die Kapitel 9 bis 11 des Römerbriefs durcharbeiten, jedoch nicht Vers für Vers, sondern mit dem Fokus auf bestimmte Schwerpunkte. Eine Vers-für-Vers-Auslegung würde den Rahmen dieser Schrift sprengen und sie weniger lesbar machen. Wir wollen uns daher auf das Wesentliche konzentrieren.

Römer Kapitel 9

> *Ich sage (die) Wahrheit in Christus, ich lüge nicht, wobei mein Gewissen mir Zeugnis gibt im Heiligen Geist, dass ich große Traurigkeit habe und unaufhörlichen Schmerz in meinem Herzen; denn ich selbst, ich habe gewünscht, verflucht zu sein von Christus weg für meine Brüder, meine Verwandten nach dem Fleisch …* (Vers 1-3)

Paulus gebraucht den im Griechischen etwas ungewöhnlichen Ausdruck *ich sage Wahrheit, ich lüge nicht* ohne den Artikel *die* vor *Wahrheit*. So formuliert er noch einmal 1Tim 2,7. Nicht ohne Grund. Er möchte die Wahrhaftigkeit und Realität seiner Aussage besonders stark betonen. Etwa so: Das, was ich euch sage – das Vorhergehende wie auch das Folgende –, ist absolute Realität. Daran gibt es auch nicht den geringsten Zweifel. Stünde der fehlende Artikel *die* vor *Wahrheit*, würde dies die Beteuerung schwächer erscheinen lassen, sie würde so verstanden werden, als bezöge sie sich lediglich auf eine punktuelle, spezielle wahre Aussage. So sagt Jesus zur Samaritanerin ebenso: *Gott ist Geist, und die ihn anbeten, müssen ihn in Geist und Wahrheit anbeten.*

Im zweiten Teil stehen wir vor einer Schwierigkeit. Die uns bekannten Bibelübersetzungen vermitteln den Eindruck, Paulus habe eine Art Tauschhandel mit Gott vor. Das Opfer Jesu sei offensichtlich nicht ausreichend für sein eigenes Volk. Paulus setze gewissermaßen seine eigene Seligkeit im Tausch gegen Israels Errettung aufs Spiel. Kann das wirklich sein?

Statt des *ich habe gewünscht* ist *ich habe gelobt* möglich (Theobald Daechsel, *Der Brief St. Pauli an die Römer*, Verlag Ungelenk, Dresden, 1934). Bei dieser Variante käme zum Ausdruck, wie sehr es Paulus schmerzte, dass er in der Zeit seines Unglaubens gelobt hatte, um seiner jüdischen Brüder willen nie an Jesus als Messias zu glauben. Das würde mit anderen Stellen übereinstimmen, wo er von dieser Zeit mit großem Bedauern spricht. Wir spüren wiederholt diesen Schmerz über seinen Unglauben, der sich in Gewalttaten den Gläubigen gegenüber äußerte. Das hat er immer bereut.

Bleiben wir aber bei der bekannten Übersetzung, liegt eine Parallele zu Mose nahe, der Gott nach der furchtbaren Sünde Israels mit dem Goldenen Kalb sagte: *Tilge mich aus!* Der Herr, der durch die Verehrung des Goldenen Kalbes geschmäht war, hatte Mose vorgeschlagen, seine Nachkommen als Volk zu erwählen und Israel untergehen zu lassen. Mose widersprach dem vehement. Unterstellen wir bei den Worten von Paulus dieselbe Grundhaltung, dann haben wir weniger einen Tauschhandel vor uns als eine Gesinnung ähnlich der des Mose. Paulus gebraucht demzufolge ein Argument der Übertreibung – wie auch an anderen Stellen –, um die Wahrheit besonders hervorzuheben: *Gott hat sein Volk nicht verstoßen!* Und hätte er es getan, dann wäre er, Paulus, in den Riss getreten, um das zu verhindern.

Das sagt einer, der wie kein anderer Apostel gnadenlos von den Juden verfolgt, verprügelt, gesteinigt, ausgepeitscht und verleumdet wurde. Auch Mose musste sich Erniedrigungen und gemeine Empörungen gefallen lassen. Das Urteil über ihn aber lautet: *Mose war ein demütiger Mann auf Erden, mehr als alle.* Paulus hatte eine ähnliche Gesinnung. Mit großer Offenheit zeigt Paulus seine unbeschränkte Liebe zu seinem Volk. Trotzdem spart er nicht mit harten Worten über die Juden. Das ist völlig normal. Haben das die Propheten nicht getan? Oder die Rabbinen in allen Jahrhunderten? Es ist in Israel üblich, Sünden und Fehlverhalten scharf zu geißeln. Bis heute. Hat doch jeder, wie man in Israel sagt, mindestens zwei verschiedene Meinungen! So wie Paulus spricht, ist das völlig legitim. Er hetzt seine Leser nicht an einer einzigen Stelle zum Hass gegen Israel auf. Er zieht aber sein Volk zur Rechenschaft. Paulus Judenfeindlichkeit zu unterstellen, ist ungerecht und unzutreffend, vor allem im Licht dessen, was er hier einleitend sagt. Und vergessen wir nicht, dass der Römerbrief nicht am Anfang seines Wirkens geschrieben worden ist, sondern erst sehr spät. Und hier macht er die Frage Israel zum Hauptthema. Das ist ausschlaggebend. Paulus hat sein Volk geliebt, bis zuletzt. Wie alle heiligen Männer vor ihm, die es getadelt haben.

Aber: Was haben Juden uns denn angetan? Hat uns je ein Jude angespuckt, geschlagen, verfolgt, getreten? Wer in Deutschland hat überhaupt schon mal bewusst einen Juden gesehen?

... die Israeliten sind, deren ist
die Sohnschaft und
die Herrlichkeit und
die Bündnisse und
die Gesetzgebung und
der Gottesdienst und
die Verheißungen; deren
die Väter sind und aus denen
dem Fleisch nach der Christus ist, der über allem ist, Gott, gepriesen in Ewigkeit. Amen.

Paulus gebraucht das Hilfsverb *sein* in der dritten Person Einzahl Gegenwart: *ist*! Nicht: *war*! Es lohnt sich, das nicht aus den Augen zu verlieren. Israels *ist*, nicht *war*, die Sohnschaft, die Herrlichkeit usw., einschließlich des Messias. Acht herrliche Dinge – Acht als Zahl des Neuanfangs, der neuen Schöpfung. Der achte Tag war der erste Tag nach dem Sabbat Gottes und der Beginn der neuen Woche in der Welt. Am achten Tag wird ein jüdisches Kind beschnitten und empfängt seinen Namen. Jesus ist am dritten Tag auferstanden, d. h. am achten Tag der Woche – einen Tag nach dem Sabbat! Er hat einen Neuanfang geschaffen, einen Neuen Bund. In diesem Zusammenhang ist Petrus zu verstehen (1Pet 1,3): *Wiedergeboren durch die Auferstehung Jesu Christi von den Toten*. Die Neugeburt, die biblische Wiedergeburt, geschah am Tag der Auferstehung Jesu. Er macht an dem Abend diesen Tatbestand der Neuschöpfung den überraschten Jüngern klar: *Nehmt hin heiligen Geist!* Eine Erinnerung an 1Mo 2,7.

Sohnschaft: 2Mo 4,22-23: *Du sollst zum Pharao sagen: So spricht der HERR: Mein erstgeborener Sohn ist Israel – und ich sage dir: Lass meinen Sohn ziehen, damit er mir dient! Wenn du* *dich aber weigerst, ihn ziehen zu lassen, siehe, dann werde ich deinen erstgeborenen Sohn umbringen*. Nach dem jüdischen Glauben ist Israel der älteste adoptierte Sohn Gottes.

Herrlichkeit: 2Mo 29,43: *Ich werde dort den Söhnen Israel begegnen, und es wird durch meine Herrlichkeit geheiligt werden*. Die Herrlichkeit des Herrn erschien dem Volk am Berg Horeb auf dem Sinai. Zuvor schon sahen sie bereits seine Herrlichkeit beim Durchzug durch das Schilfmeer und kurz darauf, als er in seiner Herrlichkeit erschien und dem Volk das Manna gab. Die Wurzel des Wortes *Herrlichkeit* steht im Zusammenhang mit *Gewicht, Schwere, Bedeutung, Geltung, Stärke*. Gott hat, wenn er in seiner Herrlichkeit unter seinem Volk ist, Gewichtiges zu vermitteln. Da mögen die Gefühle hochgehen, aber nicht im Sinne von bloßen Sinnesempfindungen, sondern so, dass die Gegenwart Gottes tiefe, verändernde Spuren hinterlässt. So war es am Sinai und bei anderen Gelegenheiten, wenn seine Herrlichkeit erschien, beabsichtigt.

Bündnisse: 2Mo 24,8: *Darauf nahm Mose das Blut, besprengte damit das Volk und sagte: Siehe, das Blut des Bundes, den der HERR auf all diese Worte mit euch geschlossen hat!* Die *Bündnisse* bezeichnen sowohl die Abmachung Gottes mit Abraham und die Zusage in Bezug auf seine Nachkommenschaft und das Land Israel als auch den Bund am Sinai sowie dessen Bestätigung im Land Moab, kurz bevor Mose starb (5Mo 28,69). Das Wort *Bündnisse* bezieht sich in besonderem Maße auf die beiden hervorragenden Zeichen seines Bundes mit Israel: die Beschneidung und den Sabbat.

Gesetzgebung: 5Mo 4,8: *Und wo gibt es eine große Nation, die so gerechte Ordnungen und Rechtsbestimmungen hätte wie dieses ganze Gesetz, das ich euch heute vorlege?* Die Vorschriften, die Tora, die Gott seinem Volk gab, sind von einer unvergleichlichen Qualität. Sie sind überaus genial und geeignet, alle Menschen auf Erden im Schalom leben zu lassen. Die Gesetzgebung Gottes drückt seine Liebe und einzigartige Güte zu den Menschen aus und ist, wenn man sie recht versteht, ein mächtiger Segen. Israel sollte diese wunderbare Gesetzgebung durch sein Vorbild an die umliegenden Völker weitergeben und damit missionarischen Einfluss auf sie ausüben. Die Völker damals hatten, sieht man von wenigen Ausnahmen ab, kaum eine wirksame und gerechte Rechtsprechung, Die Justiz Israels ist dagegen von Gerechtigkeit zwischen Armen und Reichen gekennzeichnet sowie von einer hohen Achtung vor dem Menschenleben.

Gottesdienst: 5Mo 21,5: *Dann sollen die Priester, die Söhne Levis, herantreten. Denn sie hat der HERR, dein Gott, erwählt, seinen Dienst zu verrichten und im Namen des HERRN zu segnen.* Das wird Arbeit Gottes (*avodat ha-Schem*) bzw. Arbeit für Gott, Dienst für Gott genannt. Damit sind die Opferdienste an Stiftshütte und Tempel gemeint, die Ritualien, sowie alles, was damit zusammenhängt.

Verheißungen: 1Mo 15,5-6: *Und er führte ihn hinaus und sprach: Blicke doch auf zum Himmel, und zähle die Sterne, wenn du sie zählen kannst! Und er sprach zu ihm: So zahlreich wird deine Nachkommenschaft sein! Und er glaubte dem HERRN; und er rechnete es ihm als Gerechtigkeit an.* Gott verhieß Abraham eine nicht zählbare Nachkommenschaft sowie das Land, Erez Israel. Gott hat aber noch mehr bedeutende Ereignisse vorausgesagt: die Ankunft des Messias aus dem Haus Davids; den neuen Bund, d. h. die Erneuerung des ganzen Volkes durch den Heiligen Geist, wobei alle ein neues Herz bekommen (nach Jeremia 31 und Hesekiel 36 und 37) sowie ein Friedensreich, das sich unter dem Messias zum Heil aller Menschen über die ganze Erde erstreckt. Uns betrifft dabei vor allem der Neue Bund, der als Reich Gottes alle Menschen, die an IHN glauben, einschließt. Israel und die Heiden! Der Neue Bund gilt beiden! Das Kriterium ist das neue Herz – der Zaun ist abgebrochen!

Väter: Das sind nicht nur die Erzväter Abraham, Isaak und Jakob, sondern auch die Männer Gottes aus Israel, die während ihrer Lebenszeit wie Väter (bzw. Mütter, wie bei Debora) für ihr Volk wirkten.

Der Lobpreis des Paulus, der einen Höhepunkt dieser Eingangsworte bildet und damit auf die Bedeutung der gesamten Abhandlung hinweist, könnte sehr wohl eine Bezugnahme auf Psalm

72,17ff. mit seinen messianischen Gedanken sein: *Sein Name soll ewig sein; vor der Sonne soll aufsprossen sein Name; und in ihm wird man sich segnen; alle Nationen sollen ihn glücklich preisen. Gepriesen sei Gott, der HERR, der Gott Israels. Er tut Wunder, er allein! Und gepriesen sei sein herrlicher Name in Ewigkeit! Seine Herrlichkeit erfülle die ganze Erde! Amen, ja Amen.*

> *Nicht aber als ob das Wort Gottes hinfällig geworden wäre; denn nicht alle, die aus Israel sind, die sind Israel, auch nicht, weil sie Abrahams Nachkommen sind, sind alle Kinder, sondern „in Isaak wird dir eine Nachkommenschaft genannt werden". Das heißt: Nicht die Kinder des Fleisches, die sind Kinder Gottes, sondern die Kinder der Verheißung werden als Nachkommenschaft gerechnet.* (Römer 9,6-8)

Ismael, der Sohn Abrahams, war ein Sohn des Fleisches. Sein Dasein verdankte er einem Abraham, der in einer schwachen Stunde auf einen sehr menschlichen Rat seiner Frau einging, um der Verheißung Gottes nachzuhelfen. Die Folgen waren und sind bis heute für Isaak, den Sohn der Verheißung, und für seine Nachkommen schmerzhaft und schädlich. Paulus zielt aber mit seiner Formulierung deutlich auf Menschen ab, die von oben her durch den Geist geboren sind, und zwar auch in Israel – so wie Abraham und die durch ihn gewonnenen Seelen, wie Isaak, Jakob, David, Jesaja und viele andere mehr. Ähnliche Gedankengänge finden wir bereits im 2. und 3. Kapitel des Römerbriefes, so z. B. Römer 2,28-29:

Denn nicht der ist ein Jude, der es äußerlich ist, noch ist die äußerliche Beschneidung im Fleisch Beschneidung; sondern der ist ein Jude, der es innerlich ist, und Beschneidung ist die des Herzens, im Geist, nicht im Buchstaben.

Paulus unterscheidet zwischen Juden, die kein übernatürliches Erlebnis der Neugeburt erfahren haben, auf der einen Seite, und Juden, die durch den Geist von Neuem geboren sind und Heiden, die durch den Glauben Abrahams Kinder geworden sind, auf der anderen Seite. Er rückt aber generell nicht davon ab, dass Israel nach wie vor eine Sonderstellung im Erlösungsplan Gottes einnimmt. Auch Jesus hat das Nikodemus gegenüber klar unterschieden. Jeder muss von neuem, von oben her geboren sein, um dem Reich Gottes anzugehören. Und so gibt es unter den Juden Kinder des Fleisches – Israel nach dem Fleisch, das natürliche Israel (1Kor 10,18 – griechisch Israel kata sarka), und Kinder der Verheißung. So war es schon immer. Klar und deutlich muss aber an dieser Stelle unterstrichen werden, dass es den häufig zitierten Ausdruck Israel nach dem Geist (griechisch Israel kata pneuma) im NT nicht gibt. Dennoch wird er gern von Christen mit großer Selbstverständlichkeit gebraucht, um Israel seiner Verheißungen zu berauben.

Welche Kinder des Fleisches waren es, die Jesus verwarfen? Wir müssen klar unterscheiden zwischen denen, die verantwortlich waren für den Tod von Jesus, und denen, die daran mitschuldig waren bzw. sind. Wir hören nur: Die Juden. Welche denn? Alle? Bei genauer Prüfung machen wir eine interessante Entdeckung. Das Volk als solches und selbst die Pharisäer fallen eher nicht in die Kategorie der Mörder. Jesus hat zwar die Pharisäer kritisiert – das wurden sie auch von ihren eigenen Freunden[9] –, und sie setzten ihm hart zu, er hat aber regelmäßig geduldig ihre Fragen

9 **Die Schläge der Pharisäer – B.T.** Sota 22b. Die Rabbanan lehrten: Es gibt siebenerlei Pharisäer: Der Schechemitische Pharisäer – der nach der Handlungsweise Schechems verfährt, der sich beschneiden ließ, allerdings aus unlauteren Motiven. Der schlagende Pharisäer – der die Füße aneinander schlägt, der übertrieben bescheiden mit kleinen Schritten und schleppenden Füßen geht. Der Blut lassende Pharisäer – der die Wände mit Blut beschmutzt, der aus Scheu, eine Frau anzuschauen, die Augen schließt und gegen eine Wand läuft. Der Mörser-Pharisäer – der gekrümmt wie eine Mörserkeule ist. Der seiner Pflicht nachkommende Pharisäer – das ist ja lobenswert!? – vielmehr, der da spricht: welche Pflicht obliegt mir noch, ich will sie erfüllen. Es gibt keine Verpflichtung, der er nicht nachkommt. Der Pharisäer aus Liebe und der Pharisäer aus Furcht – erwähne nicht den Pharisäer aus Liebe und den Pharisäer aus Furcht; denn R. Jehuda sagte im Namen Ravs, dass der Mensch sich stets mit der Tora und mit guten Werken befasse, auch nicht um ihrer selbst willen, denn dadurch wird man veranlasst, es um ihrer selbst willen zu tun. Was verborgen ist, ist verborgen, was offen ist, ist offen; das große Gericht aber wird an denen Vergeltung üben, die sich in Kaftane hüllen. Der König Jannaj sprach zu seiner Frau: Fürchte weder die Pharisäer noch die Nichtpharisäer, sondern die Heuchler, die sich als Pharisäer ausgeben; sie begehen Handlungen wie Simri und verlangen Belohnung wie Pinchas.

beantwortet, sie hielten sich in seiner Nähe auf und lehrten in vielem ähnlich wie er.

Boshafte, vorsätzliche Ablehnung kam hingegen von der Priesterklasse, den Sadduzäern, und hier in erster Linie von den korrupten Hohepriestern Hannas und Kaiphas. Diese Männer unterhielten ein regelrechtes Mafiasystem im Tempelbereich und ließen sogar Priester, die ihnen nicht genehm waren, umbringen. Mit seinem Wort: Ärgernisse – Skandale – werden unmöglich ausbleiben, wehe aber dem Menschen, durch den sie kommen!, meinte Jesus nicht nur Judas. Zum Personenkreis mit direkter Verantwortung für seinen Tod gehören Kaiphas, einige Sadduzäer mit dem eilig zusammengerufenen Hohen Rat, Herodes Antipas und Pilatus. Kaiphas hatte pharisäische Feinde im Hohen Rat und wollte diese unter diesen Verhältnissen in jener dunklen Nacht nicht dabei haben. Darum die Anweisung: Nehmt ihn bloß nicht öffentlich gefangen! Die Pharisäer, vor allem Gamaliel und seine Schule, hätten sich widersetzt. Kaiphas konnte nach Meinung jüdischer Gelehrter damals nur ein Rumpfgremium des Hohen Rates einberufen haben.[10]

Wenn also nur einige Kinder des Fleisches verantwortlich waren, warum wird das ganze Volk unter das Urteil gestellt? Jesus ist nach Gottes Plan für alle Menschen, ohne Ausnahme, gestorben – nach Jesaja 53 und Sacharja 12 ist er der Messias Ben Joseph Ephraim, der leidende Messias. Jesus sagt, Gott hat die ganze Welt geliebt, und zwar so sehr, dass er seinen eingeborenen Sohn gab – Johannes 3,16! Wir wissen, dass Gott dies bereits vor Grundlegung der Welt so beschlossen hatte. Punkt. Warum gelten Juden dann für gläubige Christen weithin als Gottesmörder? Haben sich nicht am Anfang schon Zehntausende bekehrt – mehr als es überhaupt Pharisäer und sicher auch Sadduzäer gab? Ist nicht das Evangelium durch die Juden zu uns gekommen? Hätte Jesus zu einem andern Volk als zu den Juden kommen sollen, ja überhaupt kommen können? Etwa zu den Germanen? Würden wir

---

10 Die Beschlüsse des Sanhedrin waren nur rechtskräftig, wenn sie im Tempelbereich getroffen wurden.

Deutsche uns dann als Gottesmörder beschimpfen lassen? Nein, alle sind schuldig: die Kinder des Fleisches samt den Kindern der Verheißung dem Fleisch nach (Israel)! Ausnahmslos! Gleichwohl liegt die Verantwortung für die Art und Weise des Prozesses gegen Jesus und wie er sterben musste, nur bei einer Hand voll Männer! Und das waren Juden (Hohepriester, Hoher Rat), ein Halbjude (Herodes) und Heiden (Pilatus und seine Soldaten)! Aber: Wer Buße tut und Jesus annimmt, wird von einem Kind des Fleisches zu einem echten, geistlichen Kind der Verheißung!

> *... Als die Kinder noch nicht geboren waren und weder Gutes noch Böses getan hatten – damit der nach freier Auswahl gefasste Vorsatz Gottes bestehen bliebe, nicht aufgrund von Werken, sondern aufgrund des Berufenden –, wurde zu ihr gesagt: „Der Ältere wird dem Jüngeren dienen"; wie geschrieben steht: „Jakob habe ich geliebt, aber Esau habe ich gehasst." Was sollen wir nun sagen? Ist etwa Ungerechtigkeit bei Gott? Das sei ferne! Denn er sagt zu Mose: „Ich werde mich erbarmen, wessen ich mich erbarme, und werde Mitleid haben, mit wem ich Mitleid habe." ...* (Römer 9,11-15)

Gott erwählte Jakob nach seinem souveränen Willen, wie er auch vorher schon Isaak und nicht Ismael als Träger der Verheißung erwählt hatte. Der Ausdruck *Jakob habe ich geliebt, Esau habe ich gehasst* klingt für unsere Ohren hart und missverständlich. Wir finden ihn auch bei Lea, die – wörtlich übersetzt – *gehasst* war. Hat Jakob sie denn wirklich gehasst? Ähnlich erklärt Jesus (im Lukasevangelium): ... *wer nicht hasst Vater, Mutter ... und dazu sein eigenes Leben.* Kann jemand nur dann Jesu Jünger sein, wenn er seine Eltern und sich selbst hasst? Hier begegnet uns eine semitische sprachliche Eigenart, die man am besten mit *weniger lieben* wiedergibt. Matthäus hat dafür das besser verständliche *wer Vater oder Mutter mehr liebt als mich* verwendet.

Gott hat Esau nicht gehasst, sondern ihm nur keinen Vorrang vor Jakob eingeräumt. Esau, materialistisch, diesseitig orientiert und dem Genuss ergeben, kümmerte sich nicht um göttliche Dinge. Die Erfahrungen seines Vaters Isaak mit Gott bedeuteten ihm nichts. Und was sollte er mit dem Erstgeburtsrecht, das mit dem Segen Abrahams zusammenhing, anfangen? Er verachtete es und überließ es Jakob. Diese Haltung, die Gott vor seiner Geburt voraussah, kostete Esau den Verlust seines geistlichen Erbes. Schließlich hat jeder Mensch einen freien Willen. Gott gab Jakob den Vorzug. Wir wissen aus der Bibel, dass auch Esau als Sohn Isaaks später einen gewaltigen materiellen Segen erfuhr. Praktisch stehen wir vor folgender Wahrheit: Israel hat sich hinsichtlich seiner Berufung oft wie Esau verhalten, ist seiner Pflicht, vor allem den Heiden gegenüber, nicht nachgekommen – dennoch steht Gott auf der Seite Israels, trotz dieser Söhne des Fleisches!

Nicht Gott hat Esau zu seinem Weg bestimmt. Esau selbst entschied sich dafür nach seinem freien Willen. Jakob jedoch wählte den Weg Isaaks und Abrahams. Das gefiel Gott. Und er bevorzugte ihn. Jakob musste trotzdem schwere Wege gehen. Er wusste um sein Versagen, seine Triebe, seine Probleme – aber er gab nie auf. Das liebte Gott an Jakob. Als Jakob stirbt, stirbt er im Vollbesitz seiner geistigen Kraft als Prophet des Herrn, der auf ein gesegnetes Leben zurückblicken kann: ... hört, ihr Söhne Jakobs, und hört auf Israel, euren Vater! Die Söhne Jakobs hatten Israel zum Vater!

> *So liegt es nun nicht an dem Wollenden, auch nicht an dem Laufenden, sondern an dem sich erbarmenden Gott. Denn die Schrift sagt zum Pharao: „Eben hierzu habe ich dich erweckt, damit ich meine Macht an dir erzeige und damit mein Name verkündigt werde auf der ganzen Erde." Also nun: wen er will, dessen erbarmt er sich, und wen er will, verhärtet er. Du wirst nun zu mir sagen: Warum tadelt er noch? Denn wer hat seinem Willen widerstanden? Ja freilich, o Mensch, wer bist du, der du das Wort nimmst gegen Gott? Wird etwa das Geformte zu dem Former sagen: Warum hast du mich so gemacht? Oder hat der Töpfer nicht Macht über den Ton, aus derselben Masse das eine Gefäß zur Ehre und das andere zur Unehre zu machen? Wenn aber Gott, willens seinen*

Zorn zu erweisen und seine Macht zu erkennen zu geben, mit vieler Langmut die Gefäße des Zorns ertragen hat, die zum Verderben zubereitet sind, und wenn er handelte, damit er den Reichtum seiner Herrlichkeit an den Gefäßen des Erbarmens zu erkennen gebe, die er zur Herrlichkeit vorher bereitet, nämlich an uns, die er auch berufen hat, nicht allein aus den Juden, sondern auch aus den Nationen. Wie er auch in Hosea sagt: „Ich werde Nicht-mein-Volk mein Volk nennen und die Nicht-Geliebte Geliebte." „Und es wird geschehen, an dem Ort, da zu ihnen gesagt wurde: Ihr seid nicht mein Volk, dort werden sie Söhne des lebendigen Gottes genannt werden." Jesaja aber ruft über Israel: „Wäre die Zahl der Söhne Israels wie der Sand des Meeres, nur der Überrest wird errettet werden …" (Römer 9,16-27)

Die Verse 16 bis 23 unterstreichen das bereits angedeutete Prinzip. Israel hat sich um seine hohe Berufung nicht gekümmert und ist deswegen für eine gewisse Zeit auf die Seite gestellt worden. Dagegen sind Millionen Heiden – *die Inseln* – sonderlich in den letzten Jahrzehnten von starkem missionarischem Eifer erfüllt, die gute Botschaft unter alle Menschen zu tragen – auch zu den Juden. Sie erzählen von dem guten Gott, der sich aller Menschen erbarmt und ihnen nahe sein will. *Kinder der Verheißung – wie Sand am Meer.*

Paulus argumentiert hier rabbinisch. Er benutzt ein Gegenbeispiel, das des Pharaos, um zu zeigen, dass hier nicht irgendein Mann, sondern jemand, der gewaltig Gottes Macht erlebt hat, permanent sein Herz Gottes Wirken gegenüber verschloss, sein Herz hochmütig verstockte, und dass Gott dann aufgrund dieser Tatsache, eben wegen der Herzenshärte des Pharaos, dessen Herz weiter verstockte, d. h. ihn völlig unsensibel machte für Gottes Wirken. Ähnlich hat Israel sich verhalten und damit Gott herausgefordert. Und Israel hat dieselben Konsequenzen erfahren müssen. Wer nicht will, der hat schon. Punkt. Und wer ist schon der Mensch, dass er sich herausnehmen könnte, Gott für sein Elend verantwortlich zu machen! Der Mensch verhält sich zu Gott wie der Ton zum

Töpfer. Welche Rechte hat der Ton? Er kann sich doch nur formen lassen, wie der Töpfer es will. Im Ton selbst wohnt keine Widerspenstigkeit wie beim Menschen oder dem Volk Israel (Paulus benutzt mit diesem Bild eine im Rabbinismus bekannte Argumentation). Gottes Güte, *chessed*, wird daran deutlich, dass er über eine lange Zeit hinweg, die *Gefäße des Zorns* getragen hat, ohne sie zu zerbrechen. Er hat ihnen eine Chance gegeben. Einige von ihnen erwiesen sich als *Gefäße des Erbarmens*, wie Paulus und alle Gläubigen aus Juden und Heiden mit ihm, weil sie auf Gottes Güte eine Antwort gegeben haben. Das hatte Gott schon viele Jahrhunderte zuvor durch den Propheten Hosea angekündigt. Israel soll sich daran erinnern. Leute, die nicht zu Gottes Volk gehörten, werden jetzt aufgrund ihres Glaubens – der so ist wie der von Abraham – zu Gottes Volk gezählt.

Diese Verse geben weder unter sprachlichen noch unter geschichtlichen Gesichtspunkten Anlass zu Spekulationen über eine besondere göttliche Vorherbestimmung, der gegenüber wir machtlos sind bzw. der gegenüber wir uns gleichgültig verhalten können, wenn wir berufen sind. Die Essener waren die einzige jüdische Sekte mit einer solchen Prädestinations-Lehre, sie standen aber weit abseits vom Volk und den Pharisäern. Ihre Wortwahl bei der Formulierung der Lehre unterscheidet sich daher auch von der, die Paulus gebraucht. Paulus war Pharisäer, Rabbiner[11], und seine Ausdrucksweise spiegelt seine pharisäische Schule wider. Aus dem Pharisäismus stammen Gedanken wie *Buße*, *Taufe* und *Reich Gottes*, Gedanken, die Jesus und Paulus ebenfalls verwendeten, nicht jedoch die Lehre von der Prädestination. Kurz gesagt: Die Lehre von Paulus fußt auf der Schule Hillels und Gamaliels. Diese waren Pharisäer, und Pharisäer haben keine Prädestination gelehrt. Folglich auch Paulus nicht. Folglich kann man das auch nicht in diesen Text hineininterpretieren. Das stünde im krassen Gegensatz zum pharisäisch-rabbinischen Judentum, auf dem auch die Lehre der

11 Die Amtsbezeichnung *Rabbi* für *Lehrer* kam erst viel später auf. Jesus oder Paulus *Rabbi* zu nennen, ist daher streng genommen anachronistisch, andererseits jedoch möglich, wenn wir bedenken, dass die Pharisäer eindeutig die Vorläufer der Rabbinen gewesen sind.

Apostel aufbaut. Man muss die Prädestination bei den Qumran-Leuten suchen. Die *Jachad-Leute*, wie sie auch heißen, sahen sich als die Auserwählten, den Rest des Volkes aber, besonders Priester und Pharisäer, als die Gottlosen an. Deswegen sonderten sie sich ab. Eine Art frommer Absonderung, die leider auch in vielen christlichen Kreisen zu beobachten ist.

Paulus will uns Folgendes sagen: Israel hatte seine Chance. Die hat es nur zum Teil genutzt, ist dann aber ganz und gar abgewichen. So hat Gott sich andere, die nicht sein Volk waren, gesucht, um seinen Willen der Erlösung durchzusetzen. Im Übrigen löst sich die Spannung hinsichtlich einer möglichen Prädestination in den Versen Römer 11,29-32 ohnehin wieder auf!

Von Abraham bis Jesus lernen wir, dass jeder, der glaubt, seinen Weg zu Gott findet. Hiob und Bileam waren keine Angehörigen des Volkes Israel. Beide indessen glaubten an den einen wahrhaftigen Gott. Wobei Bileam allerdings Gott später untreu wurde und damit zum Verführer. Wer an Gott glaubt, muss seinen Glauben festmachen. Das erfordert Entschlossenheit und Beharrlichkeit. Man kann und man muss etwas dafür tun – so wie beispielsweise Rahab und Ruth.

> *… Denn indem er das Wort vollendet und abkürzt, wird der Herr es auf der Erde ausführen." Und wie Jesaja vorher gesagt hat: „Wenn nicht der Herr Zebaoth uns Nachkommenschaft übrig gelassen hätte, so wären wir wie Sodom geworden und Gomorra gleich geworden." Was wollen wir nun sagen? Dass die Nationen, die nicht nach Gerechtigkeit strebten, Gerechtigkeit erlangt haben, eine Gerechtigkeit aber, die aus Glauben ist; Israel aber, das einem Gesetz der Gerechtigkeit nachstrebte, ist nicht zum Gesetz gelangt. Warum? Weil es nicht aus Glauben, sondern als aus Werken geschah. Sie haben sich gestoßen an dem Stein des Anstoßes, wie geschrieben steht: „Siehe, ich lege in Zion einen Stein des Anstoßes und einen Fels des Ärgernisses, und wer an ihn glaubt, wird nicht zuschanden werden."* (Römer 9,28-33)

Haben wir das verstanden: *Israel ..., das einem Gesetz der Gerechtigkeit nachstrebte, ist nicht zum Gesetz gelangt*? Hier steht nicht: *Israel ist nicht zur Gerechtigkeit gelangt*, sondern: *Israel ist nicht zum Gesetz gelangt*. Das ist ein Unterschied. Aber was bedeutet das? Dieser Satz ist sozusagen der Kernpunkt des ganzen Abschnitts, der besagt, dass die Nationen, hätten sie ein so wunderbares Gesetz, eine so herrliche Erlösung erlebt, Gott sehr dankbar gewesen wären und ihm gedient hätten. Israel jedoch hatte seine eigenen Vorstellungen und musste scheitern.

Israel hat das *Ziel des Gesetzes* nicht erreicht. Trotz seiner vielfältigen Bemühungen in den gut 2000 Jahren vor Entstehung des Römerbriefes. Insbesondere in den Jahrhunderten vor Paulus haben fromme Persönlichkeiten, bewegt auch durch die vielen bedrohlichen Mächte und Ereignisse (wie Alexander der Große, die Ptolemäer und Seleuziden, die Römer usw.) nach dem zweiten Exodus, der Rückkehr aus Babylon, große Anstrengungen unternommen, um auf jeden Fall eine zweite nationale Katastrophe zu vermeiden. Die zahlreichen Gottesmänner dieser Generationen seit Esra und Nehemia, die auch *Weise* genannt werden und die glanzvolle Erkenntnisse entwickelten, bauten ein fest gefügtes religiöses System auf, das Paulus im Galaterbrief zweimal *Judaismus*[12], Judentum, nennt und das mit der so genannten Mündlichen Tora gleichzusetzen ist. Die Furcht, das Gesetz zu übertreten, ließ diese Lehrer viele sehr kleinliche Verordnungen *(Zaun um das Gesetz)* erlassen, deren Einhaltung ihnen wichtiger war als das Wort Gottes selbst.

Die Strenge sollte eine Übertretung des Gesetzes verhindern. Wenn man die in diesen Aufsätzen genannten Regeln übertritt, sollten die Folgen so schlimm sein, dass man sich vor einem Übertreten des Gesetzes hüten würde. So meinten sie, verpassten damit

12 Der Judaismus der Zweiten Tempelepoche war kein monolithisches Gebilde, sondern bestand aus vielen Gruppierungen. Die meisten Juden indessen gehörten überhaupt keiner dieser Gruppen an. Sie beobachteten nur die wesentlichen Dinge ihres jüdischen Glaubens. Jesus, Paulus und die übrigen Apostel nahmen immer und immer wieder an den Gottesdiensten in den Synagogen teil. Paulus rief in Rom die Leute zusammen und nannte sie *Brüder!!!*

aber gerade den Sinn von Gottes Wort. Ihre Bemühungen gingen am Ziel vorbei. *Sie gelangten nicht zum Gesetz.*

Paulus sagt, dass die Gerechtigkeit, der man in Israel nachstrebte, *nicht aus Glauben, sondern aus Werken* geschah, und meint damit mangelnde Treue Gottes Wort gegenüber. Die kleinlichen Vorschriften produzierten eine Werksgerechtigkeit, bei der man Gott, dem man eigentlich dienen wollte, völlig aus den Augen verlor. Streng genommen, ist das Götzendienst; denn der Glaube, die Religion, die vielen Verordnungen werden zum Götzen. Das gilt nicht nur für Juden, sondern kann auch auf Christen zutreffen (vgl hierzu: Horst Krüger, *Sind wir denn nicht frei?*, Erzhausen, 2002). *Pistis* hat sowohl die Bedeutung von *Glaube* als auch von *Treue,* und wir sehen, wie eng die Begriffe hier bei Paulus beieinander liegen.

Anstatt sich um *Glauben*, *Liebe*, *Barmherzigkeit* und *Gerechtigkeit* zu bemühen (Mt 23,23), feilten die Weisen an kleinlichen Vorschriften herum. Zum eigenen Schaden. Gottes Absicht, durch Israel zur Welt zu reden, wurde dadurch sabotiert; sein Plan scheiterte an der starren Religiosität.

Die Katastrophe ganz Israels zur Zeit der Könige hatte schwerwiegende Gründe. Der Götzendienst führte zu sozialer Ungerechtigkeit und Lieblosigkeit, sexuellen Ausschweifungen mit allen Folgen und rücksichtsloser Ausnutzung des Landes zum Schaden des gesamten Volkes. Das war die Botschaft der Propheten.

Die Zweite Katastrophe hatte dann andere Gründe: Die verbohrte Frömmigkeit – ein Phänomen, das alle jüdischen Strömungen und Sekten zur Zeit des Zweiten Tempels betraf. Dabei hatte sie eigentlich das Unheil abwenden sollen. Jesus stellte die Probleme deutlich heraus: Ungerechtigkeit dem Nächsten gegenüber; Härte anstatt Güte, Erbarmen und Freundlichkeit; religiöser Hass auf Andersdenkende und tödlicher Fanatismus, doch diesmal nicht, weil sie den heidnischen Götzen dienten, sondern weil sie ihre religiösen Vorschriften zum Götzen erhoben hatten. Die Zeloten mordeten wie wild ihre eigenen Brüder, die Essener schürten unaufhörlich ihren religiösen Hass auf Priester, Pharisäer und das Volk. Die Sadduzäer hielten unbeirrbar starr am Buchstaben des

Gesetzes fest. Sie waren Leute, um es mit heutigen Worten zu sagen, die so sehr an *die ganze Bibel glaubten*, dass kein Freiraum für andere da war. Sie, die überzeugtesten Bibelgläubigen, waren schließlich die Ersten, die Jesus ans Kreuz brachten! Die Herodianer mischten fröhlich mit den Römern mit und dachten nur an ihr politisches Überleben, für das ihnen jedes Mittel recht war.

Zwar waren die toleranteren Pharisäer – auch als Bewahrer des Judentums bekannt – aufs Ganze gesehen am wenigsten extrem. Sie gaben anderen eine Chance, aber in ihrer Frömmigkeit waren auch sie völlig festgefahren. Eine Decke lag über ihren Herzen, wenn sie die Tora, die Mose ihnen gegeben hatte, studierten. Sie konnten den Messias mitten unter ihnen nicht erkennen, weil sie an kleinlichen Traditionen klebten. Wenn uns nun der Hintergrund der Pharisäer bekannt ist, dann verwundert es auch nicht mehr so sehr, dass der Herr aus der großen Vielfalt seines Volkes ausgerechnet einen Pharisäer erwählte, um das Evangelium in die Welt hinauszutragen. Paulus war durch seine hervorragende Kenntnis des Judentums, durch sein Studium bei Gamaliel, einem der größten Weisen seiner Zeit, bestens vorbereitet. Bei jenem Gamaliel, der in der Apostelgeschichte ausdrücklich lobend erwähnt wird.

Es gehört zu den tragischen Realitäten der Geschichte, dass das Christentum als Religion aus diesem Erbe daraus nichts gelernt hat. Auch die Christen haben das *Gesetz nicht erreicht* – das Ziel dessen, was Gottes Wort lehrt. Wir finden die maßgeblichen Wesensmerkmale der oben beschriebenen Gruppen heute auch unter uns wieder. Und darum sollten wir uns hüten, den Stab über Israel zu brechen. Zumal die Lehrvielfalt bei uns weitaus extremer und wohl noch gefährlicher ist[13].

Was war es denn, das Israel nicht erreichte? Es war das wesenhafte Ziel der Tora: die Liebe zu Gott und zu den Menschen. Das *Schemá Israel* lautet: *Höre Israel, der Herr, unser Gott, ist ei-*

13 Bekanntlich gibt es zwischen christlichen Kirchen, Freikirchen und Sekten zahlreiche gravierende Lehrunterschiede. Wir verdanken sie in vielen Fällen gnostischem, heidnischem, philosophischem Denken. Dabei weicht man oft so weit voneinander ab, dass an Gemeinschaft nicht mehr zu denken ist.

ner bzw. der Herr ist unser Gott und er ist ein Herr. Du sollst den Herrn lieben von ganzem Herzen, mit ganzer Seele und mit all deiner Kraft und deinen Nächsten wie dich selbst! Das ist, nach Jesus und Paulus, der Kern des Wortes Gottes, der Kern der Tora. Auf den kleinsten Nenner gebracht: *Wer seinen Nächsten nicht liebt, hat Gottes Wort nicht erfüllt und damit das Gesetz, die Tora, den Kerninhalt des Wortes Gottes, nämlich die Liebe zum Nächsten, verfehlt, nicht erreicht.* Er steht unter dem Gericht. Eine ganz einfache Rechnung.

Darum musste Jesus ihnen zum *Stein des Anstoßes* werden, hebr. *even bochan*, zu einem *Stein der Prüfung*, über den sie stolperten und fielen und der das Potential hat zu zerschmettern. Der Stein des Anstoßes wird nicht nur hier als Zitat aus dem Propheten Jesaja erwähnt, sondern auch noch einmal bei Petrus (2,8). Der Zusammenhang, den Petrus mit dem Prophetenwort herstellt, weist auf den Auftrag hin, ein heiliges Priestertum zu sein, das die Eigenschaften Gottes unter die Menschen bringt. Das hat Israel nicht erreicht.

Römer Kapitel 10

Brüder! Das Wohlgefallen meines Herzens und mein Flehen für sie zu Gott ist, dass sie errettet werden. Denn ich gebe ihnen Zeugnis, dass sie Eifer für Gott haben, aber nicht mit rechter Erkenntnis. Denn da sie Gottes Gerechtigkeit nicht erkannten und ihre eigene aufzurichten trachteten, haben sie sich der Gerechtigkeit Gottes nicht unterworfen. Denn Christus ist des Gesetzes Ende, jedem Glaubenden zur Gerechtigkeit. (Vers 1-4)

Wir haben richtig gelesen. Paulus will, dass Israel errettet wird. Errettet – nicht vernichtet! Damit hat er das große Thema der Tora bis hin zu den Propheten und anderen Schriften aufgegriffen. Rettung. Der Messias ist der Retter, nicht der Vernichter! Wenn Paulus den Juden Jesus von Nazaret als Messias darstellt, dann als Retter und nicht als Vernichter! Juden haben den Messias immer als Erlöser begriffen. Darum kann die Botschaft der Christen an die Juden nur ein Thema haben: Erlösung! Aber wollen wir das? Wundern wir uns nicht, wenn Juden Jesus als Messias in Frage stellen, wenn er für sie durch das christliche Vorbild mehr Verwüster als Retter ist. Für Paulus ist der irregeleitete Eifer der Juden ein Grund, dass sie die Erlösung erfahren müssen, nicht aber die Vernichtung oder Verachtung. Müssen Juden nun solche Christen werden wie wir? Geben wir Israel doch den Freiraum, den es für die Entfaltung seiner eigenen äußeren Form des Glaubens braucht, damit es sich in dem Zustand seiner Erlösung wirklich wohl fühlt! Erwarten wir wirklich, dass Israel sich unserer vom Heidentum geprägten kirchlichen Tradition anschließen muss? Das kann man nicht im Ernst annehmen.

Doch auch dies ist wahr: Nicht nur das Christentum hat sich vom Judentum getrennt und seine eigene antijüdische Theologie entwickelt. Auch das Judentum hat sich vom Christentum abgegrenzt und seine eigene gegen die Christen gerichtete Theologie entwickelt. Ein von beiden Seiten verständlicher Vorgang. Müssen wir deswegen Feinde sein?

Jeder Kenner Israels weiß um die Liebe des Judentums zur Bibel. Es ist ein Irrtum, wenn Christen verkündigen, dass Juden unter dem Gesetz des Mose oder unter der mündlichen Überlieferung, der Mündlichen Tora, leiden! Im Gegenteil. Für Juden ist es eine echte Freude, die Tora zu studieren und danach zu leben. Auch unter erschwerten Bedingungen in der Fremde, selbst in den Konzentrations- und Vernichtungslagern. Diese Tatsache wird auch in vielen zeitgenössischen Zeugnissen der jüdischen Literatur deutlich, nicht nur in älteren Werken.

Denn ich gebe ihnen Zeugnis, dass sie Eifer für Gott haben, aber nicht mit rechter Erkenntnis. Paulus erwähnt im 2. Korintherbrief die Decke über dem Herzen Israels, wenn Mose gelesen wird. Dieser Satz im Römerbrief geht in die gleiche Richtung. Dennoch: Es ist schwierig, im Christentum kompetentere Kommentare zu den fünf Büchern Mose oder den Psalmen zu finden als bei den Rabbinen. Darin haben sie einen enormen Vorsprung. Und wir können von ihrer Erkenntnis nur profitieren. Schon allein aus sprachlicher Sicht. So offenbaren – um ein Beispiel anzuführen – die Ausführungen von Rabbi Samson R. Hirsch über 1. Mose 17 bezüglich der drei Begriffe *allmächtig, untadelig* und *beschneiden* eine solche Tiefe, dass man jedem Bibelstudenten hier ein ganzes Seminar anraten möchte. Dann weiß er, was er unter der Allmacht Gottes, einem untadeligen Leben und der Beschneidung des Herzens zu verstehen und zu lehren hat. Hinsichtlich des Messias jedoch fehlt es Israel an der rechten Erkenntnis. Noch nicht einmal im Verständnis dessen, was der Messias bedeutet. Darin sind sie uns nach wie vor voraus. Hinsichtlich der Person des Jesus von Nazaret jedoch sind sie im Irrtum. Das ist für Paulus aber kein Grund, sie zu vernichten, im Gegenteil: er betont, sie müssen errettet werden! Es gilt deshalb, die ihrem Eifer für Gott innewohnende Energie so zu leiten, dass sie – wie es bei Paulus selbst der Fall war – dem Heil der ganzen Welt dienen und den Messias überall bekannt machen.

Ihre Gerechtigkeit steht in engem Zusammenhang mit dem Jesuswort aus der Bergpredigt, der seine Jünger auffordert, einer besseren Qualität von Gerechtigkeit nachzueifern: *Wenn eure Gerechtigkeit nicht besser ist als die der Schriftgelehrten und Pharisäer ... Gerechtigkeit* hat jedoch in der Sprache der Bibel einen engeren Bezug zu *Rettung und Erlösung* als in der uns vertrauten juristischen Bedeutung. Jesus und Paulus reden also von einer besonderen Qualität der Erlösung. Sie geschieht nicht durch Werke, sondern durch eine völlige Hingabe im Glauben an den lebendigen Gott, der sich im Messias Jeschua offenbart hat.

Denn der *Messias ist Ziel und Inhalt der ganzen Tora.* Die Übersetzung *Christus ist des Gesetzes Ende* ist Spiegelbild einer Theologie, die den Apostel Paulus nicht verstanden hat. Es geht doch in den Evangelien an keiner Stelle darum, dass Jesus verkündet, er mache mit dem Ersten Bund Schluss und alle müssten jetzt umdenken. Jesus zeigt in seiner Lehre – wie später alle Apostel –, dass die Kontinuität gewahrt bleibt, ein Bund baut auf dem andern auf. Es geht weiter und weiter. Das Evangelium wird auf der Basis der Tora als Heilmittel für die ganze Welt ausgebreitet, bis endlich die Krönung der Lehre, der Tora erscheinen wird, wenn der Messias für alle sichtbar in absoluter Macht kommt. Jesus und die Apostel haben immer darauf hingewiesen, dass es durchaus auf den Gehorsam dem Wort Gottes gegenüber ankommt. Das wird belohnt. Wer sich der Tora nicht unterordnet und ihr kein Vertrauen schenkt, dem wird es übel ergehen. Das ist doch eine klare Botschaft. Nirgendwo in den Worten Jesu ist etwas von der Abschaffung der Tora zu finden. Darum kann dieser Satz von Paulus keinesfalls mit *Christus ist des Gesetzes Ende* übersetzt werden. Hier begegnen wir einem gravierenden jahrhundertealten theologischen Irrtum.

Das griechische Wort, das in diesem Satz mit Ende *(télos)* wiedergegeben wird, bedeutet auch *Ziel, Zweck* (vgl. Ti 1,5; 1Pet 1,9). Selbst *Erfüllung* im Sinne von Gesamtergebnis wäre eine adäquate Möglichkeit. Das Wort *Gesetz,* gr. *nómos,* bezieht sich hier auf die Tora, die Lehre, die Unterweisung. Der Messias ist im *Tanach,* dem Gesetz, den Propheten und den Schriften, verborgen und weniger verborgen das Hauptthema. Die Schrift weist auf ihn hin, er ist darin enthalten und muss offenbar gemacht werden. Unwiderruflich ist er das *Ziel der Lehre,* der Unterweisung, der Tora. Jesus sagt in der Bergpredigt, kein Jota werde vom Gesetz vergehen. Paulus wiederholt in Römer 3,31 den gleichen Gedanken: *Heben wir das Gesetz auf? Nein, wir bestätigen das Gesetz.* Mithin kann Christus nicht *das Ende des Gesetzes* bedeuten, sonst würde Paulus sich selbst und Jesus widersprechen, sondern dieser Satz muss ganz einfach anders übersetzt werden. Hier wird nämlich der Gedanke von Kap. 9,31 fortgesetzt: *Israel ist nicht zum Gesetz gelangt.* Israel hat das Ziel, hat den Messias nicht erreicht, d. h. ist den Anforderungen und erwarteten Folgerungen für das Leben nicht gerecht geworden.

Ähnlich verhält es sich mit Römer 3,22: *Gottes Gerechtigkeit aber durch Glauben an Jesus Christus für alle, die glauben.* Auch dieser Satz kann, von der Grammatik her gesehen, anders übersetzt werden, nämlich: *Gottes Gerechtigkeit durch die Treue Jesu.* Hier scheint es weniger um den Glauben an Jesus zu gehen als um die Treue, mit der Jesus seinen Weg gegangen ist, und damit die Gerechtigkeit Gottes, die Erlösung gebracht hat. Jeder, der ihm vertraut, wird gerecht gemacht, weil Jesus treu seinen Weg gegangen ist. Von dieser Treue des Messias spricht das ganze Alte Testament.

Warum muss die Übersetzung korrigiert werden? Der Satz *Christus ist des Gesetzes Ende* hat unzählige Male in Kommentaren, Predigten, Lehrvorträgen begründet, dass wir das Alte Testament, das Gesetz, seit Jesus nicht mehr brauchen. Allerdings folgen die Bibelleser dieser These in der Praxis weniger. Sehr viele Christen lesen mit großer Begeisterung die Schriften des Alten Bundes. Sie freuen sich, wenn sie die herrlichen Bibelstellen entdecken, in denen der Messias verborgen ist, und widersetzen sich damit diesem Unfug der Theologen, der aus einer antijüdischen Wurzel entsprungen ist. Durch ihre eigene Praxis des Bibellesens widerlegen somit viele Gläubige die übliche Form der Übersetzung.

Was damit gemeint ist, dass der Messias im Gesetz und in den Propheten zu finden ist, soll hier ein an einem kleinen – von sehr vielen möglichen – Beispielen gezeigt werden. Es steht in 1. Samuel 9,16 (es gibt populärere Beispiele, die aber ihrer Bekanntheit wegen hier absichtlich nicht aufgeführt werden sollen): *Morgen um diese Zeit werde ich einen Mann aus dem Land Benjamin zu dir senden, den sollst du zum Fürsten über mein Volk Israel* ***salben!*** *Der wird mein Volk aus der Hand der Philister* ***erretten.*** In diesem Text stehen die beiden Wörter *salben* und *erretten* – im Hebräischen *maschách* und *jaschá* –, die Wörter für *Jesus Christus,* ***Jeschua*** *ha-****Maschiach,*** *Jesus der Gesalbte. Jaschá, Jeschuá* und *Jeschua (retten, Rettung, Retter)* sind an vielen Stellen des AT Begriffe mit messianischen Inhalten. Der *Gesalbte (Christus* oder *Maschiach)* ist im Übrigen nie ein Eigenname, sondern eine Bezeichnung; anders als viele annehmen ist *Christus* demnach nicht der Nachname von Jesus.

Gott kündigt dem Propheten Samuel die Ankunft eines Mannes an, der als Fürst, als König über Israel ein *Retter* sein wird (wie Mose es war) und der *gesalbt* sein wird. Der Messias ist der kommende *Retter, Erlöser.* Das ist das Hauptthema der Bibel seit der Ankündigung Gottes im Garten Eden, dem Proto-Evangelium. Insofern haben wir hier auf kleinem Raum in einem einzigen Vers eine sehr interessante Ankündigung hinsichtlich der Berufung eines Menschen, der zum Retter Israels erwählt ist. Darum wiegt Sauls Ungehorsam gegenüber dem Willen Gottes so schwer; denn der Messias wird Gottes Willen tun! Es gibt weitere ähnliche Beispiele!

Es ist wahr: *Der Messias ist Ziel und Inhalt der Unterweisung!* Trotzdem lässt der griechische Text folgende Übersetzung zu (wenn *nómos* nicht als *Tora*, sondern als *jüdisches Religionsgesetz* interpretiert wird), obwohl sie meines Erachtens nur zweitrangig sein kann: *Christus ist das Ende religiöser (gesetzlicher) Vorschriften.* Das bedeutet: Nicht religiöse Vorschriften, wie die der Mündlichen Tora, führen zur Gerechtigkeit, sondern der Glaube, der sich durch Gott wohlgefällige Werke äußert, weil der Gläubige sich gern und gehorsam Gottes Wort unterstellt. Das würde selbstverständlich auch der gesamten Aussage des Evangeliums entsprechen. Auf Jesus ist die ganze Unterweisung der Schrift ausgerichtet, er macht auch Schluss mit jeder starren buchstäblichen Gesetzlichkeit, die auf das formale Halten religiöser Vorschriften abzielt und nicht auf ein zerbrochenes Herz (Mt 5,3).

> *Denn Mose beschreibt die Gerechtigkeit, die aus dem Gesetz ist: „Der Mensch, der diese Dinge getan hat, wird durch sie leben.“ Die Gerechtigkeit aus Glauben aber sagt so: Sprich nicht in deinem Herzen: „Wer wird in den Himmel hinaufsteigen?“ das ist: Christus herabführen; oder: „Wer wird in den Abgrund hinabsteigen?“ das ist: Christus aus den Toten heraufführen. Sondern was sagt sie? „Das Wort ist dir nahe, in deinem Mund und in deinem Herzen.“ Das ist das Wort des Glaubens, das wir predigen, dass, wenn du mit deinem Mund Jesus als Herrn bekennen und in deinem Herzen glauben wirst, dass Gott ihn aus den Toten auferweckt hat, du errettet werden wirst. Denn mit dem Herzen wird geglaubt zur Gerechtigkeit, und mit dem Mund wird bekannt zum Heil. Denn die Schrift sagt: „Jeder, der an ihn glaubt, wird nicht zuschanden werden.“ Denn es*

ist kein Unterschied zwischen Jude und Grieche, denn er ist Herr über alle, und er ist reich für alle, die ihn anrufen; „denn jeder, der den Namen des Herrn anrufen wird, wird errettet werden." Wie sollen sie nun den anrufen, an den sie nicht geglaubt haben? Wie aber sollen sie an den glauben, von dem sie nicht gehört haben? Wie aber sollen sie hören ohne einen Prediger? Wie aber sollen sie predigen, wenn sie nicht gesandt sind? Wie geschrieben steht: „Wie lieblich sind die Füße derer, die Gutes verkündigen!" Aber nicht alle haben dem Evangelium gehorcht. Denn Jesaja sagt: „Herr, wer hat unserer Verkündigung geglaubt?" Also ist der Glaube aus der Verkündigung, die Verkündigung aber durch das Wort Christi. Aber ich sage: Haben sie etwa nicht gehört? Ja, gewiss. „Ihr Schall ist hinausgegangen zu der ganzen Erde und ihre Reden zu den Grenzen des Erdkreises." (Römer 10,5-18)

Im ersten Teil dieses Abschnitts erinnert Paulus an die Worte von Mose, der in seiner letzten Rede Israel noch einmal ganz nachdrücklich dazu aufgefordert hat, mit ungeteiltem Herzen Gottes Wort zu glauben, ihm zu gehorchen, Gottes Wort zu tun, besser gesagt: Gott die Treue zu halten. Die Aufforderung *Sprich nicht ... wer wird in den Himmel hinaufsteigen?* usw. soll Israel davon abhalten, halsbrecherische und abenteuerliche Gedanken über das Gesetz, über Gottes Wort zu entwerfen, um sich, unabhängig vom Willen Gottes, immer noch ein Hintertürchen offen zu lassen für die Rechtfertigung der eigenen Wege. Israel soll sich davor hüten, in Gottes Geboten allein Übernatürliches zu sehen, d. h. etwas Unerreichbares, nur weil die Tora auf eine übernatürliche Weise dem Volk übergeben wurde. Während die Vermittlung der Tora selbst etwas Außergewöhnliches darstellt, ist doch Gottes Wort trotzdem jedem nahe; es ist verständlich und kann in die Tat umgesetzt werden. Durch den Glauben und standhafte Treue. Denn Glaube und Treue sind in der Sprache der Bibel ein und dasselbe Wort. Darum ist auch das *aber* in Vers 6 weniger als Gegensatz aufzufassen (das gr. *dè*); denn Gottes Wort, das Gesetz, erwartet ausdrücklich das Tun, um das Leben zu haben. Ein Leben mit Qualität, die immer besser wird, und zwar viele Jahre lang. Um dieses Leben zu haben, müssen wir glauben, Treue üben. Dann haben wir die *Gerechtigkeit*, die Rettung, die Erlösung, und zwar nicht als Punkterlebnis allein, sondern als permanente Erfahrung im Gehen mit Gott nach dessen Willen. Darum geht es.

An dieser Stelle muss etwas Grundsätzliches betont werden: Das Gesetz ist nie zur Rettung gegeben worden. Israel war aus seiner Gefangenschaft in Ägypten gerettet, als es das Gesetz am Sinai empfing. Es wurde damals gerettet *aus Gnade* und nicht, weil es an Gott aufgrund des Gesetzes geglaubt hat. Das heißt – um das Bild zu verwenden – ganz praktisch, dass die Vergebung der Sünden, dass die Rechtfertigung, dass die Erlösung zeitlich *vor* dem Gesetz steht. Das Gesetz kommt danach, damit *Menschen das Leben haben*, das heißt wahre Lebensqualität – *Leben im Überfluss*. Wie soll ein Jude, wie soll ein Christ nach seiner Erlösung Gottes Segen erfahren? Er muss nach Gottes Wort leben, dann wird er erfahren, dass die darin enthaltenen Prinzipien eine hohe Lebensqualität verbürgen. Darum geht es doch. Unter diesem Gesichtspunkt sind die Sätze *Mose beschreibt die Gerechtigkeit, die aus dem Gesetz ist* und *Die Gerechtigkeit aus Glauben aber sagt so* keine Widersprüche. Sie sind typisch für hebräisches Denken. Wer das Gesetz tut, nachdem er gerettet ist, der hat ein gesegnetes Leben. Wer Gott vertraut, wird die Gerechtigkeit[14] empfangen, wird gerettet, und das ist nicht unmöglich, sondern möglich. Durch den Glauben.

Immer wieder wird dieses Leben mit Gott mit der Vergebung der Sünden, dem Eintritt in das neue Leben mit Gott, verwechselt. Darum geht es doch nicht ständig. Die sehr schnelle und einfache Erfahrung (als Punkterlebnis) der Erlösung kann doch nicht das beständige und einzige Thema sein, wozu es sich aber vielfach im Verlauf der Geschichte des Christentums entwickelt hat. Es geht

14 Das Wort *Gerechtigkeit* (im Hebr. *zedaka*) hat in der hebräischen Bibel in Verbindung mit Gott vor allem die Bedeutung, dass er dem Menschen eine *Wohltat* erweist (z. B. in den Psalmen: *Gott meiner Gerechtigkeit* = *meiner an mir erwiesenen Wohltat, Rettung*), in Verbindung mit einem Menschen bedeutet es, dass dieser Mensch eine von Gott erwartete Wohltat vor allem anderen Menschen, seinem Nächsten erweist. Und das gefällt Gott.

Gott doch um etwas Tieferes, es geht ihm um das Leben mit ihm. Dafür sind Treue, Glauben und Tun notwendig. Mose sah bereits schlimme Entwicklungen voraus und hat eindringlich davor gewarnt – umsonst, wie die Geschichte von Juden und Christen lehrt. Sowohl das Judentum als auch das Christentum sind zu bloßer Religiosität erstarrt. Und daran muss jede Exegese scheitern.

Der Vers 10 *Denn mit dem Herzen wird geglaubt zur Gerechtigkeit, und mit dem Mund wird bekannt zum Heil* enthält einen schönen hebräischen Parallelismus. Zwei Sätze sagen mit parallelen Worten ein und dasselbe aus. Dabei ist *Herz* mit *Mund* kongruent und *Gerechtigkeit* mit *Heil.* Dass *Gerechtigkeit* ein anderes Wort für *Heil, Rettung, Erlösung* ist, haben wir schon kurz besprochen.

Paulus zeigt in den Versen 11 bis 13 noch einmal ganz deutlich, wie Juden und Heiden durch den Glauben gleichermaßen Zugang zum Heil haben, wenn sie *den Namen des Herrn anrufen.* Damit sie das können, muss ihnen das Evangelium gepredigt werden. Diese Tätigkeit des Verkündens ist reich in den Psalmen sowie in den Propheten bezeugt. Wir haben gesehen, dass Israel diese wichtige Tätigkeit im Hinblick auf sein eigenes Volk, aber auch im Hinblick auf die Heiden vernachlässigt hat – milde ausgedrückt. Gleichzeitig ist aber dieser Abschnitt eine erneute Ablehnung des Standpunktes, dass Juden vom Heil ausgeschlossen seien. Nein, im Gegenteil: Es muss ihnen verkündigt werden! Das Recht, Israel – auch heute – das Heil in Jesus von Nazaret zu verkünden, leitet sich vom klaren Auftrag der Schrift ab. Für Paulus ist das die natürlichste Sache der Welt. Wer Israel liebt, wird immer einen Weg finden, um zum Herzen des einzelnen Juden zu reden! Ohne Rücksicht auf das, was Christen viele Jahrhunderte lang Juden angetan haben. Im Evangelium und seiner Verkündigung ist die Liebe zu Israel enthalten! Vergessen wir das nicht! Darum sind wir aufgrund dieser Schriftlage einfach dazu verpflichtet, Wege zu finden, wie wir Israel das Evangelium verkündigen können. Dabei hat uns vor allem die tiefe Liebe zu diesem Volk zu leiten und nicht bloßer missionarischer Eifer, der den Juden mit Gewalt die Decke wegreißen möchte!

Dass wir als nichtjüdische Gläubige diese hohe Aufgabe haben, trotz aller negativen Erfahrungen mit unserer christlichen Geschichte, zeigt eine interessante Formulierung im hebräischen Text des Propheten Jeremia, Kap. 4,16: *Saget an den Heiden, verkündiget in Jerusalem, dass* ***Hüter*** *kommen aus fernen Landen und werden schreien wider die Städte Judas* (Lut 1912). – Jer 31,6 (Rev. Elberf.): *Denn es wird die Zeit noch kommen, dass die* ***Hüter*** *an dem Gebirge Ephraim werden rufen: Wohlauf, und lasst uns hinaufgehen gen Zion zu dem HERRN, unserm Gott!* Das Wort *Hüter* bzw. *Wächter* lautet im Hebräischen hier nicht *schomer*, wie üblich, sondern *nozrim. Nozrim* (Mehrzahl) ist heute die übliche jüdische Bezeichnung für die *Nazarener*, für die Christen. Christen werden in Israel *nozrim* genannt. Die Wurzel des Wortes, *nzr*, das bei Jeremia gebraucht wird, hat mit dem *Bewachen eines Weinbergs, beschützen, im Blick haben* usw. zu tun. Aber es ist doch eigenartig, dass diese für die vormessianische Zeit geltenden Verse ausgerechnet hier von *nozrim* sprechen. Könnte das nicht prophetisch gemeint sein, nämlich, dass die *nozrim,* die Christen, aus fernen Landen kommen und Israel auffordern, hinaufzuziehen nach Zion?

Israel hat seine Aufgabe, die Gerechtigkeit, die in Jeschua ist, allen Menschen zu bringen, nicht verstanden. Israel hat seinen Messias in der Schrift nicht erkannt. Es hat der Botschaft nicht geglaubt – *Wer glaubt unserer Predigt?* Doch alle – Juden und Heiden – müssen diese Botschaft hören. Sie ist Gottes Wort und lebensnotwendig. So wird sie von Menschen, die Gottes Herrschaft über sich angenommen haben, tief im Herzen gehört und weitergegeben. Doch ebenso wichtig ist dabei, dass sie auch getan wird.

Es reicht nicht, allein zu hören. Im Hebräischen hat *hören* immer sehr viel mit *gehorchen* zu tun. So sagt Israel am Sinai, als der Bund geschlossen wird: *Wir wollen tun und hören!* Das heißt: Wir wollen tun und gehorchen, was du uns auch weiterhin sagen wirst. In diesem wichtigen Satz steht das Wörtchen *tun* vor dem Wort *hören.* Darüber haben die Rabbinen einiges geschrieben. Es ist für Gott nicht nur wichtig, dass wir sein Wort hören und es verstehen, sondern dass wir es so verstehen, dass wir es auch tun. Es ist doch

Teil unserer Lebenserfahrung, dass man Vieles erst begreift, wenn man tut, was einem gesagt wird. Es gab einmal zur Zeit des berühmten Rabbi Akiva eine Diskussion darüber, was wichtiger sei, die Tora zu studieren oder sie zu tun. Schließlich einigte man sich darauf, dass man sie erst einmal studieren muss, um sie auch tun zu können.[15] Aber man war sich einig darin, dass sie getan werden muss. Paulus stellt in seinen Ausführungen somit eine innere Verbindung her zwischen dem Auftrag Jesu und den letzten Worten des Mose. In beiden Fällen geht es, wie auch in Jesaja, um den klaren Auftrag, eine gute Botschaft allen Menschen zu sagen, ohne Unterschied der Nation.

Wenn diese Botschaft von einem Propheten vernommen wird, hat er die Aufgabe, sie getreu weiterzusagen. Bei Luther finden wir das geflügelte Wort *der Glaube kommt aus der Predigt*; sehr eindrucksvoll und wahr. In unserem griechischen Text steht aber *hören*: *Der Glaube, die Treue, kommt aus dem Hören, und das Hören aus dem Wort, dem Sprechen, einem Ausspruch Gottes* (gr. *rhématos*). Die LXX sagt in 1. Samuel 3,1, dass das *rhéma* des Herrn selten war. Gott hatte kaum noch in die Situation hineingesprochen. Um in prophetischem, biblischem Sinn zu reden, muss der Redner zunächst einmal selbst von Gott etwas gehört haben. Dieses Wort wird dann, wenn er es weitersagt, Glauben wirken. Wir können sagen: Wer Gottes Wort hört und ihm gehorcht, d. h. es tut, der wird ein treuer Mensch sein. Treue Gott gegenüber wiederum entwickelt sich, wenn man Gottes Wort gehorcht.

Es wird auch in diesen Versen wieder deutlich: Israel hat seinen Verkündigungsdienst für die Nationen nicht wahrgenommen und ist aus diesem Grund darin von den Nationen abgelöst worden – bis es eines Tages dieser Aufgabe in vollem Umfang nachkommen wird. Auch hier wieder, vor allem auch im Blick auf die erwähnte Mosesstelle (5Mo 30,11-14), ist eine Spekulation über

15 R. Tarfon und die Weisen saßen in der Tafelrunde im Söller des Hauses des Nitza in Lod, und es wurde ihnen folgende Frage gestellt: Ist das Lernen größer oder ist das Tun größer? R. Tarfon antwortete und sprach: Das Tun ist größer. R. Akiva antwortete und sprach: Das lernen ist größer. Dann antworteten alle und sprachen: Das Lernen ist größer, denn das Lernen führt zum Tun (b.Kid. 40b).

einen Gottesmord, den man den Juden anlasten möchte, völlig absurd.

> *Zuerst spricht Mose: „Ich will euch zur Eifersucht reizen über ein Nicht-Volk, über eine unverständige Nation will ich euch erbittern." Jesaja aber erkühnt sich und spricht: „Ich bin gefunden worden von denen, die mich nicht suchten, ich bin offenbar geworden denen, die nicht nach mir fragten." Zu Israel aber sagt er: „Den ganzen Tag habe ich meine Hände ausgestreckt zu einem ungehorsamen und widersprechenden Volk."*

Zur Eifersucht reizen – womit hat das zu tun? Sollen sie wütend auf die Christen werden oder Angst vor ihnen haben müssen? Es ist doch so, dass gerade die Tatsache, dass Israel das Ziel der Tora nicht begriffen und dadurch ein Teil des Volkes den Messias abgelehnt hat und Israel teilweise eine Zeit lang verhärtet ist, die hervorragende, immerwährende Erwählung Israels unterstreicht – und nicht das Gegenteil! Damit entsteht eine neue Situation. Menschen, die vorher nie etwas von einer Tora, einem heiligen Leben mit dem einen wahren Gott wussten, die keine Ahnung hatten von einem ethischen Monotheismus, werden plötzlich hineingenommen in ein neues Leben. Sie begreifen den wunderbaren Inhalt der Botschaft von der Erlösung. Sie lieben den ewigen, lebendigen Gott, der sich ihnen in Jesus offenbart hat, sie preisen seine unerklärliche Treue und tragen eben dieses Evangelium hinaus in die Welt. Nicht allein mit Worten, sondern vor allem mit ihrem Leben. Juden sind ergriffen, wenn sie Christen sehen, die mit Hingabe und Liebe Gott dienen und gerade jene Eigenschaften ausstrahlen, die so eindringlich in der Tora beschrieben werden: Liebe, Güte, Gnade und Wohlwollen, Barmherzigkeit, ein großes Herz, Treue, – *chessed, chen, rachamim, emuná* usw. Es geht um ein Beispiel an Frömmigkeit und Heiligkeit, Menschenliebe und Güte, um eben jene Attribute, die Juden in der Tora bei Gott finden. Das soll sie neugierig und eifersüchtig werden lassen, weil sie sehen, die an Jesus gläubigen Christen dienen Gott wirklich im Geist und in Wahrheit. Genau darum geht es.

Das Christentum hat ausgerechnet diesen Auftrag sträflich verletzt und ist den Juden zu einem schauerlichen Stein des Anstoßes geworden. Wenn man Juden mordet und das Alte Testament ablehnt, muss man sich nicht wundern, dass man Juden nicht zur Eifersucht reizen wird, Jesus als Messias zu erfahren. Es sollte ein Wetteifern zwischen Christen und Juden geben, das Wort Gottes so auszuleben, dass die ganze Welt Gottes Güte und seine Rettung erfährt.

Römer Kapitel 11

Ich sage nun: Hat Gott etwa sein Volk verstoßen? Das ist ausgeschlossen! Denn auch ich bin ein Israelit aus der Nachkommenschaft Abrahams, vom Stamm Benjamin. Gott hat sein Volk nicht verstoßen, das er vorher erkannt hat. Oder wisst ihr nicht, was die Schrift bei Elia sagt? … „Ich habe mir siebentausend Mann übrig bleiben lassen, die vor Baal das Knie nicht gebeugt haben." So ist nun auch in der jetzigen Zeit ein Überrest nach Auswahl der Gnade entstanden. Wenn aber durch Gnade, so nicht mehr aus Werken; sonst ist die Gnade nicht mehr Gnade … (Römer 11,1-2.4-6)

Das elfte Kapitel des Römerbriefs bringt noch einmal eine dramatische Steigerung der Argumentation. Paulus wehrt sich mit aller Macht dagegen, dass die nichtjüdischen Gläubigen in Rom den Eindruck haben, Israel sei verstoßen und sie seien jetzt den Juden gegenüber im Vorteil. Er wehrt sich gegen jede Art von Überheblichkeit. Wir sollten uns seine Warnung zu Herzen nehmen.

Das Wort *verstoßen* finden wir in Apostelgeschichte 7 im Zusammenhang damit, dass Mose von seinen Brüdern verstoßen wurde (V. 27 und 39) und dass die Juden in der Synagoge von Antiochia in Pisidien das Evangelium von sich gestoßen hatten. Um es deutlich zu sagen: Paulus stellt hier eine rhetorische Frage. In der ganzen Bibel finden wir auch nicht den geringsten Hinweis darauf, dass Israel tatsächlich verstoßen worden ist. Gott hat mit seinem Volk einen *ewigen Bund* (hebr. *b'rit*) geschlossen, und den wird er nach Hesekiel 37,26 am Ende der Tage erneuern: Mit dem *Überrest nach Auswahl der Gnade.* Seinen Bund mit Israel hat er nie gebrochen und wird ihn nie brechen. Paulus sagt: *Nein! Das ist ausgeschlossen! – sonst ist die Gnade nicht mehr Gnade.* Gnade, unteilbare, ewige Liebe und Güte, *chessed*, ist die Basis für den Bund Gottes. Gott kann sich selbst als Gott der Gnade und ewigen Liebe nicht verleugnen. Und das sagt Paulus nach der Kreuzigung Jesu, nach dem Widerstand der Juden gegen die Verkündigung ihrer jüdischen Brüder in Jerusalem, dass Jesus, der Christus, ihr Messias, den sie gekreuzigt haben, auferstanden ist.

Petrus unterstreicht am Tag der Ausgießung des Heiligen Geistes in Jerusalem diese Tatsache mit anderen Worten in aller Öffentlichkeit: *Tut nun Buße! ... damit Zeiten der Erquickung kommen!* Nicht: *Folglich, weil ihr Jesus gekreuzigt habt, seid ihr verworfen!* Im Gegenteil: Gott hat für Israel *Zeiten der Erquickung* vorbereitet.

Paulus wiederum bringt hier auch kein *Israel nach dem Geist* ins Spiel. Er bezieht sich auf das Volk wie in Römer 10,21: *Den ganzen Tag habe ich meine Hände ausgestreckt zu dem Volk, das sich nichts sagen lässt und widerspricht.* Israel ist untreu, aber es bleibt Israel, und Gott steht weiterhin zu seinem Bund, den er mit ihm geschlossen hat. *Chessed* ist die Grundlage des Bundes, d. h. seine unvergängliche, unveränderliche Liebe, Güte und Treue. Nicht die sind ausschlaggebend, die verstockt wurden, sondern diejenigen, die glauben, eben ein *Überrest nach Auswahl der Gnade* – 7000 Unbeugsame. Auf die zählt Gott.

Dass Paulus von einer Verwerfung Israels spricht, hat möglicherweise einen besonderen Grund. Im Jahr 49 wurden die Juden aus Rom vertrieben. Es kann sein, dass bereits damals in Rom in den gerade neu entstandenen christlichen Kreisen, die von Gläubigen aus den Heiden dominiert waren, supersessionistische Gedanken entstanden. Erkennbar hat es damals schon Hochmut und Arroganz gegenüber den Juden gegeben, die im Jahr 54 nach Rom zurückkehren durften. Gegen derartige Gedanken setzt Paulus sich heftig zur Wehr.

Sind sie etwa gestrauchelt, damit sie fallen sollten? Das ist ausgeschlossen! Sondern durch ihren Fall – (paráptoma = Versehen, Irrtum, Fehler, Sünde) – ist den Nationen das Heil geworden, um sie zur Eifersucht zu reizen. Wenn nun ihr Fall der Reichtum der Welt ist und ihr Verlust der Reichtum der Nationen, wie viel mehr ihre Vollzahl! Denn ich sage euch, den Nationen: Insofern ich nun der Nationen Apostel bin, bringe ich meinen Dienst zu Ehren, ob ich auf irgendeine Weise sie, die mein Fleisch sind, zur Eifersucht reizen und einige aus ihnen erretten möge. Denn wenn ihre Verwerfung (ihr Verlust) die Versöhnung der Welt ist, was wird die Annahme anders sein als Leben aus den Toten? Wenn das Erstlingsbrot heilig ist, so auch der Teig; und wenn die Wurzel heilig ist, so auch die Zweige. Wenn aber einige der Zweige herausgebrochen worden sind und du, der du ein wilder Ölbaum warst, unter sie eingepfropft und der Wurzel und der Fettigkeit des Ölbaumes mit teilhaftig geworden bist, so rühme dich nicht – gegen die Zweige! Wenn du dich aber gegen sie rühmst – du trägst nicht die Wurzel, sondern die Wurzel dich. Du wirst nun sagen: Die Zweige sind herausgebrochen worden, damit ich eingepfropft würde. Richtig; sie sind herausgebrochen worden durch den Unglauben; du aber stehst durch den Glauben. Sei nicht hochmütig, sondern fürchte dich! Denn wenn Gott die natürlichen Zweige nicht geschont hat, wird er auch dich nicht schonen. Sieh nun die Güte und die Strenge Gottes: gegen die, welche gefallen sind, Strenge; gegen dich aber Güte Gottes, wenn du an der Güte bleibst; sonst wirst auch du herausgeschnitten werden. Aber auch jene, wenn sie nicht im Unglauben bleiben, werden eingepfropft werden; denn Gott ist imstande, sie wieder einzupfropfen. Denn wenn du aus dem von Natur wilden Ölbaum herausgeschnitten und gegen die Natur in den edlen Ölbaum eingepfropft worden bist, wie viel mehr werden diese, die natürlichen Zweige, in ihren eigenen Ölbaum eingepfropft werden! (Römer 11,11-24)

Die Verse 11 bis 24 können gewissermaßen als Kern der drei Kapitel angesehen werden. Der Rabbi Saulus oder Schaul, wie sein hebräischer Name lautet, argumentiert so, wie er es bei Gamaliel gelernt hat, nämlich gegen eine Theorie der Verwerfung. In diesem Abschnitt fallen uns einige Schlüsselworte auf, Begriffe wie *Fall* und *Verwerfung* bzw. *Fallenlassen*. Das trägt zunächst nur zur Verwirrung bei.

Der *Fall* Israels (V. 11) ist nach Paulus eine schwere Schuld. Das Wort, das er gebraucht, wird mit *Abirren, Verfehlung* wiedergegeben. Dieses Wort ist zwar nicht so stark wie *hamartía*, Sünde, wird aber in Römer 5,15 und 17 auch mit *Übertretung* übersetzt. Das ist deutlich genug. Israels Untreue ist ein Fall, eine Übertretung. Hinzu kommt *Verwerfung*: *Denn wenn ihre Verwerfung die Versöhnung der Welt ist* ... Also doch eine Verwerfung?! Oder ein Verlust? Das griechische Wort, das nur an dieser Stelle und Apostelgeschichte 27,22 vorkommt und nur einmal in der LXX als Verb im Sinne von *wegnehmen*, kann beides heißen: *Verwerfung* oder *Verlust*. Paulus hat selbst in Antiochia erlebt, wie die Juden das Evangelium von sich gestoßen, verworfen haben. Das hat nicht nur ihn geschmerzt, sondern auch seinen himmlischen Auftraggeber. Und Paulus wusste: Das muss in einer Katastrophe enden. Dennoch, so sagt er, gibt es kein endgültiges Fallenlassen von Gottes Seite, so wie er Saul verworfen hat – weil er seinen Bund ewig hält. Es gilt weiterhin: Gott kann sein Volk trotz der wunderbaren Erwählung wegen seines Verhaltens nicht für besondere Aufgaben gebrauchen. Israels Sonderstellung(!) ist vorläufig aufgehoben. Aber diese Aufhebung der Sonderstellung ist ein Segen für die Völker. Wenn Israel erneut mit seiner Aufgabe betraut wird, nachdem es seinen Erlöser und Messias erkannt hat, wird das Ergebnis davon *Leben aus den Toten* sein – eine völlig veränderte Welt! Bis das geschieht, arbeitet Paulus mit aller Kraft daran, seine Brüder zur Eifersucht zu reizen, d. h. ihnen durch sein Lebensvorbild einen Anreiz zu geben, die von Gott geplante Erlösung zu ergreifen.

Drei Argumente stehen der Hypothese von der Verwerfung entgegen:

1. Wir wissen, dass bis heute viele Juden an Jesus glauben und geglaubt haben – Paulus nennt sich selbst als Beispiel: *Dass ich, ein Jude, an Jesus glaube, beweist, dass Gott seinen Bund mit uns aufrecht erhält und die Juden nicht verstoßen hat. Ich bin Teil dieses Überrestes!* Ähnlich argumentiert Jesaja 1,9: *Hätte der HERR uns nicht einen Überrest gelassen, wir wären wie Sodom geworden*. Paulus erklärt, dass der Überrest ein Zeichen dafür ist, dass Gott zu seinem Volk steht! In Sodom gab es keinen Überrest.

2. Durch die Verfehlung Israels – wir können auch *Stolpern, Straucheln* übersetzen (V. 11. *sind sie etwas gestrauchelt, damit sie fallen sollten?*) – haben wir Heiden die besondere Möglichkeit (obwohl die Möglichkeit im Grunde immer bestand!), die Erlösung zu erfahren. Wenn Israel stolpert, warum regen wir uns darüber so auf? Wir haben doch zunächst einen Vorteil davon! Sollten wir uns über die Gelegenheit zum Heil nicht freuen und Israel danken? Warum es verachten und verfolgen? Das ist gegen jede Logik.

   Hier kommt der abrahamitische Segen ins Spiel: *Ich will segnen, die dich segnen. Du sollst ein Segen sein für die ganze Welt*. Wobei das Wort *segnen* (*nibrechú*) durch den aramäischen Einfluss zur Zeit des Paulus ein Wortspiel zu sein scheint in Verbindung mit *einpfropfen* (*lehabrich*). Paulus sagt nicht, dass alle gestolpert sind – nur *einige* Zweige sind ausgerissen! Ruth ist durch das Stolpern ihres Schwiegervaters Elimelech nach Israel gekommen! Hat sie das ihm oder Naomi vorgehalten? Anstatt über den Fall Israels jahrhundertelang zu theologisieren, sollten wir uns freuen: wir sind eingepfropft! Paulus tadelt hier weniger den Fall der Juden als die Arroganz der Gläubigen aus den Heiden. Israels Fall hat sich als etwas Positives zum Heil der ganzen Welt erwiesen – und schließt jede Verurteilung, Strafe oder Verfolgung besonders von uns Christen aus!

3. Israel selbst ist ein Gegenargument – denn auch ausgebrochene Zweige können wieder eingepfropft werden! Das wird den über-

heblichen Heiden gesagt. Wenn ihr errettet seid, also etwas erfahren habt, das Israel nicht erfahren hat, ihr, und zwar gegen die Natur und völlig ungewöhnlich, dann darf man als etwas ganz Natürliches erwarten, dass selbst ausgebrochene Zweige zurückgepfropft werden! Wenn das für die wilden Zweige möglich ist, wie viel mehr für die natürlichen Zweige!

Paulus gibt hier zwei Gründe an: Einmal sind sie *Geliebte wegen der Väter* (11,28). Sie sind weiterhin das auserwählte Volk. Die Tränen von Jesus über Jerusalem und die Sorge von Paulus bieten absolut keinen Anhaltspunkt für eine Verwerfung Israels, sondern sind starke Belege dagegen! Welch eine Liebe zum Volk Israel wird bei beiden deutlich!

Der Messias ist eine Frucht Israels. Auch die ausgebrochenen Zweige behalten ihre Eigenschaft als Olivenzweige. *Die Berufung und Gaben Gottes sind unbereubar! Das ganze Israel* (*Kol Israel* – ein Ausdruck, wie er immer wieder in hebräischen Schriften vorkommt, mit eschatologischem Unterton) *wird errettet werden.*

Paulus sagt nicht, der alte Ölbaum werde entwurzelt und ein neuer an dessen Stelle eingesetzt, sondern Ölzweige wurden aus diesem Baum ausgerissen und wilde Ölzweige in denselben Baum eingepflanzt. Christen haben *Gnade* und *Liebe* so stark betont, dass sie sich zur Abwechslung auch einmal mit *Gerechtigkeit* und *Werken* beschäftigen müssten. Wir müssen uns dringend einmal mit den Schönheiten des gesamten Wortes Gottes, auch des Pentateuch, auseinandersetzen und daraus lernen. Die Gestalt des Messias würde Christen viel deutlicher vor Augen gestellt, wenn sie das dahinter stehende jüdische Gedankengut studieren würden. Darum sollte jeder Christ sich die Mühe machen, einmal nachzuschauen, wie oft Jesus davon spricht, sein Wort zu tun, d. h. in die Praxis umzusetzen.

Paulus gebraucht hier zwei tiefgründige Bilder: Erstlingsbrot und Ölbaum. Das griechische Wort für *Erstlinge* ist hier korrekt mit *Erstlingsbrot* wiedergegeben. Sonst wird das Wort im NT mit *Erstling* übersetzt. Im AT stehen abwechselnd die Begriffe *Hebopfer*,

Erstlinge und *Weihegabe.* Nehmen wir zunächst das Bild vom Erstlingsbrot. Grundlage der Überlegung ist wohl 4. Mose 15,18-21: *Rede zu den Söhnen Israel und sage zu ihnen: Wenn ihr in das Land kommt ... wenn ihr von dem Brot des Landes esst, dann sollt ihr dem HERRN ein Hebopfer abheben: als Erstling eures Schrotmehls ... Von dem Erstling eures Schrotmehls sollt ihr dem HERRN ein Hebopfer geben in allen euren künftigen Generationen.* Das erste Brot (*challa* – wird auch am Sabbatabend aufgelegt), das im Land dem Herrn geweiht wird, drückt Dankbarkeit und Abhängigkeit vom Segen Gottes aus. Jeder hat diesem Gebot Genüge zu leisten, damit der Segen Gottes auf seinem Leben ruhen kann. Der Teig ist heilig. Das Brot ist heilig.

Gleichzeitig begegnen wir auch dem Bild von den Erstlingsbzw. Erstreife-Broten zu Pfingsten, dem Wochenfest (Schawuot), verbunden mit 3. Mose 23,17: *Aus euren Wohnungen sollt ihr Brot fürs Schwingopfer bringen, zwei von zwei Zehnteln Weizengrieß sollen es sein, gesäuert sollen sie gebacken werden, als Erstlinge für den HERRN.* Beim Erstlings-Brot bzw. Erstreife-Brot, das zu Pfingsten aus Weizen, mit Sauerteig gebacken, vor dem Herrn geschwungen wurde, handelte es sich um zwei Brote, die einzeln geknetet und gebacken und dann gemeinsam vor Gott geschwungen wurden. Erst wenn die Brote so geschwungen worden waren, konnten auch die Erstlingsfrüchte, bis zu sieben an der Zahl, d. h. außer Weizen auch Früchte wie Feigen und Granatäpfel, wenn sie denn bereits reif waren, gebracht werden. Das Pfingstfest stand am Ende der Getreideernte. Die Rabbinen sahen in den Broten immer ein Bild für die Eigenständigkeit Israel. Für viele Ausleger jedoch steht das eine Brot für Israel, das zweite für die, die aus den Heiden an den einen lebendigen Gott glauben. So stellt sich mit dem einen Teig die Einheit zwischen den Gläubigen aus Israel und aus den Heiden dar.

Paulus nennt das Erstlingsbrot in direktem Zusammenhang mit Israels Verwerfung, Annahme sowie Leben aus den Toten. Die alten Weisen haben darüber nachgedacht, wie sehr Gott doch enttäuscht gewesen sein mag, als er sagte: dass das Sinnen und die Gedanken des menschlichen Herzens böse sind: *Wie schlecht muss der Teig sein, wenn selbst der, der ihn geknetet hat, zu diesem Urteil kommt!* und schoben mit diesem Satz sozusagen die Verantwortung für das Böse im Herzen des Menschen auf Gott. Paulus dagegen dreht die Sache um und spricht von Israels eigener Verantwortung in Bezug auf seinen Ungehorsam sowie von seiner Heilung, weil Israel ein heiliger Same ist, ein *sera kadosch*. Die ausgerissenen Zweige, wie der Sauerteig des bösen Triebes, der Ungehorsam seines Volkes, können, wenn Umkehr sein wird, wieder zurückgepfropft werden. Gott erbarmt sich Israels und hat ihm einen Überrest gelassen.

Das führt uns zum Ölbaum. Jeremia (Kap. 11,16-17) sagt: *Einen grünen Ölbaum mit schön gewachsener Frucht hatte der HERR dich genannt.* Paulus scheint sich aber auch auf Jesaja 6,13 sowie Hiob 14,7-9 zu beziehen, weil er etwas über Wurzeln und die Regenerierung des Baumes sagt:

> Jes 6,13 *Und ist noch ein Zehntel darin, so wird es wieder dem Niederbrennen anheim fallen wie die Terebinte und wie die Eiche, an denen beim Fällen ein Stumpf bleibt – ein heiliger Same ist sein Stumpf.*
>
> Hiob 14,7-9 *Denn für den Baum gibt es Hoffnung. Wird er abgehauen, so schlägt er wieder aus, und seine Triebe bleiben nicht aus. Wenn seine Wurzel auch in der Erde altert und sein Stumpf im Staub abstirbt – vom Duft des Wassers sprosst er wieder und treibt Zweige wie ein Pflänzling.*

Wer sind nun die Wurzeln dieses Ölbaums? Darüber haben viele Theologen nachgedacht und uns mindestens drei Hauptgedanken geliefert:

1. Unter den Wurzeln haben wir die Gläubigen aus Israel zu verstehen.
2. Unter den Wurzeln haben wir den Messias Jesus zu verstehen.
3. Unter den Wurzeln haben wir die drei Erzväter, Abraham, Isaak und Jakob, zu verstehen.

Es wird kaum heilsentscheidend sein, welcher Theorie wir den Vorzug geben, doch eins ist sicher: Die Wurzeln sind nicht heidnischer Natur. Sie stammen aus Israel, von den Hebräern. Das heißt, dass die Heiden Israel hinzugefügt worden sind, nicht umgekehrt. Nicht Israel wird eines Tages sozusagen in den *Christbaum* eingepfropft, sondern die nichtjüdischen Gläubigen aus den Heiden werden in den Ölbaum eingepfropft. Beim Ölbaum pfropft man Zweige in die offen liegenden Wurzeln ein, wenn man den Ölbaum fruchtbar machen will. Weil die Bäume sehr alt werden, sterben im Laufe der Zeit auch Teile des Stammes ab. Ebenso sind die Gläubigen aus den Heiden hineingepfropft. Die Verbundenheit mit den Wurzeln bedeutet für sie die Verpflichtung zur Heiligung, wie auch Israel zur Heiligung verpflichtet ist (*ihr sollt mir eine heilige Nation sein*). Das sagt Paulus in seinen Briefen wiederholt. Die christliche Theologie indes scheint – nach Dwight Pryor – zwei Bäume zu kennen, einen jüdischen Ölbaum und einen heidnischen Christbaum, der sich selbst nach seinen eigenen Ideen entwickelt.

In dieser Situation spielt die Gesinnung von Ruth, der Moabitin, eine wichtige Rolle. Sie sagte zu ihrer Schwiegermutter Naomi aus dem Stamm Juda: *Dein Volk ist mein Volk, dein Gott ist mein Gott.* Diese demütige Haltung, völlig frei von jeglicher Arroganz, hat Gott so sehr gefallen – und dem Volk Israel –, dass Ruth gegen die offizielle Anordnung aus 5Mo 23,4, niemals Moabiter in die Gemeinde Israels aufzunehmen, als Israelitin angenommen und später sogar Davids Urgroßmutter wurde.

Rühme dich nicht gegen die Zweige (V. 18)!

Das ist ein überaus bedeutender Imperativ, sozusagen prophetischer Art. Neben diesem Imperativ gibt es noch einen zweiten, der hier wichtig ist. Jesus sagt nämlich in der Bergpredigt, die man besser *Berglehre* nennen sollte (Mt 5,17-20): *Meint nicht!* Wir wollen diesen Text zuerst betrachten, weil er uns hilft, Paulus besser zu verstehen. Er lautet: *Meint nicht, ich sei gekommen, das Gesetz und die Propheten aufzulösen, ich bin nicht gekommen aufzulösen, sondern zu erfüllen.* In heutigem Deutsch (nach eigener Übertragung unter Berücksichtigung des hebräischen Hintergrundes) lautet der Textzusammenhang:

> *Meint nicht, ich sei gekommen, um Gottes Wort*[16] *mit meiner Auslegung zu entkräften*[17]*; im Gegenteil, ich werde es in seiner ganzen Bedeutung unterstreichen und lehren. Amen!*[18] *Ich sage euch: Bis Himmel und Erde vergehen, wird auch nicht ein Jod oder ein Kotz*[19] *vom Wort Gottes vergehen, bis alles geschehen ist. Wenn jemand die kleinen Gebote*[20] *verachtet und sie falsch auslegt, gilt er nichts im Reich Gottes; wer sie jedoch tut und lehrt, wird im Reich Gottes angesehen sein. Ihr müsst wissen: Wenn eure Erlösung*[21] *nicht die der Schriftgelehrten und Pharisäer qualitativ weit überragt, habt ihr keine Aussicht, dem Reich Gottes anzugehören.*

Jesus unterstützt und bestätigt damit den biblischen Judaismus, und zwar die Anbetung, die Beobachtung des Wortes Gottes und den Gottesdienst. Regelmäßig hat er selbst ja Tempel und Syna-

---

16 Wörtlich *Gesetz und die Propheten*, Tora (Weisung, Unterweisung, Lehre) und Propheten, d. h. das Wort Gottes, das damals mit den Büchern des AT vorlag.

17 Das ursprüngliche *auflösen* hat im Hebräischen die Bedeutung von *falsch auslegen*, so dass man, wenn man dieser Auslegung folgt, das Gesetz übertritt bzw. auflöst. *Erfüllen* bedeutet *richtig auslegen*.

18 Das *Amen* ist eine Verstärkung des vorher Gesagten, danach schließt sich eine Lehre an.

19 D. h. ein kleines Häkchen an einem hebräischen Buchstaben.

20 Offensichtlich ein Wortspiel zwischen großen und kleinen Geboten in Bezug auf große und kleine, d. h. bedeutende und unbedeutende Gebote. Nicht absolut kleine oder große Gebote, sondern in ihrem Verhältnis zu anderen Geboten. Auch das Gebot, eine Vogelmutter zu schonen, war ein Gebot, allerdings ein kleines, verglichen mit *Du sollst nicht ehebrechen!*

21 Das Wort *Gerechtigkeit* hat im AT wie zur Zeit Jesu viel stärker die Bedeutung von Erlösung, Rettung gehabt, als allgemein deutlich gemacht wird.

goge besucht! Nicht an einer einzigen Stelle setzt Jesus auch nur ein Wort seiner hebräischen Bibel oder ihrer griechischen Übersetzung außer Kraft! Wenn er auch nur einen Satz oder Halbsatz der Schrift abgelehnt oder gestrichen hätte, wäre er in den Augen der Juden ein Sünder gewesen und hätte schnell mit seinem Dienst aufhören können.

Die Apostel haben seine Lehre übernommen. Johannes sagt: *Wenn wir ihn lieben, halten wir seine Gebote.* Ähnlich Paulus: 1. Korinther 7,19: *Beschnitten sein ist nichts, und unbeschnitten sein ist nichts, sondern Gottes Gebote halten.* Sie haben sich ausnahmslos zu ihrem väterlichen Erbe bekannt und nie eine Loslösung, d. h. die Gründung einer neuen Religion im Gegensatz zum Judentum angestrebt. Sie lehrten, dass sich in Jesus die messianischen Hoffnungen Israels erfüllt haben. Sie glaubten dem Wort Gottes ohne Abstriche. Für sie war Jesus die Erfüllung des Wortes Gottes, der Tora, der Lehre. Hätte das frühe Christentum das beachtet, wäre Israel viel Leid und uns Christen eine große Schuld erspart worden. Die Missachtung der Worte von Jesus, aber auch von Paulus hat dazu geführt, dass Juden sagen: *Wir haben nichts mit den Christen zu tun!* und Christen: *Wir haben nichts mit den Juden zu tun!*

Das müssen wir uns immer wieder vor Augen halten: Das Christentum hat wie das rabbinische Judentum seinen Ursprung im Judentum der Periode des Zweiten Tempels! Beide haben ein und dieselbe Wiege und gehören zusammen! Die Wurzeln indes sind tiefer zu suchen, nämlich bei Abraham, Isaak und Jakob! Das Denken des NT ist primär nicht das Denken des AT, sondern das Denken des Judentums der Zweiten Tempelperiode. Das Christentum wurzelte in diesem Judentum, zweifellos. Aber später, als es unter den Einfluss der griechischen Philosophie geraten war und sein eigenes, davon beeinflusstes Denken entwickelt sowie seine eigenen Gedanken in die Evangelien und Apostelbriefe hineininterpretiert hatte, Gedanken, die ursprünglich nicht darin zu finden waren, trennten sich die gemeinsamen Wege. Die Gläubigen aus den Juden und den Heiden hatten am Anfang so viel gemeinsam. Und dennoch kam es zum Brudermord. Erst verfolgten die Juden ihre jüdischen Brüder, ließen die Heiden-Christen jedoch unbehelligt, dann verfolgten die Heiden-Christen die Juden. So haben alle gesündigt. Aber alle dürfen Erbarmen erfahren. Durch Gottes Gnade sind uns die Augen aufgegangen, wir sind umgekehrt, wir lieben Israel.

Wie konnte nur eine Kirche, deren Gründer im Judentum wurzelten, den Juden gegenüber eine so gemeine Feindschaft entwickeln? Eine Kirche, die so entschieden behauptet, sie gründe sich auf die Liebe Jesu, meinte, sie müsse unbarmherzig und gnadenlos Gottes Gericht an den Juden üben. Dabei hat sie zwei bedeutende göttliche Imperative missachtet: *Meint nicht! Rühmt euch nicht!*

Während die Jahrzehnte vergingen, verstanden immer weniger Christen aus den Heiden ihr Erbe. Sie *dachten* und *meinten* nach ihren eigenen Vorstellungen. Die folgenden Generationen folgten darum einer unseligen Entwicklung. Sie verwechselten zunehmend das AT mit dem bloßen Judaismus und seinem erschöpfenden Religionsgesetz. Eines Tages *meinten* sie dann, Jesus habe das Gesetz, nämlich den Judaismus, zerstört und an seine Stelle das Christentum gesetzt! Ein fataler Fehler und ein schrecklicher Irrtum, der die Tür zur Ausrottung der Juden öffnete.

Das Ergebnis der Veränderungen war die Feststellung: *Die Kirche Jesu Christi hat nichts mit dem Judentum gemeinsam. Die Kirche Jesu Christi ist an die Stelle Israels gesetzt und ersetzt es!* Mit einem Wort: Ersatztheologie. Damit war auch die Entwicklung im Christentum vorgegeben: Es entstand eine Religion wie viele andere; eine Machtkirche, die zu gewissen Zeiten sogar alle unterdrückte und vernichtete, die nicht ihrer Meinung waren. Wir erinnern uns an die zahllosen Verfolgungen Andersgläubiger und die Jahrhunderte währende Inquisition. Eine furchtbare Realität: Religion bleibt nicht im Theoretischen stecken, sie wirkt praktisch und oft grauenvoll, wie die Geschichte zeigt. Kein Wunder, dass abendländische Philosophen die Kirche bekämpften und eine Gott-ist-tot-Philosophie entwickelten. Für sie war der Gott des Christentums hart und grausam. Die Aufklärung und andere Entwicklungen der Neuzeit sind eine schmerzvolle Reaktion auf ein in finsterer Religiosität erstarrtes Christentum, dessen Theologie schließlich zu einem Rassendenken führen musste!

Paulus ahnte damals schon Schlimmes und warnte: *Rühme dich nicht! Sei nicht hochmütig!* Das griechische Wort *katakaucháomai* bedeutet *triumphierend auf andere herabblicken* – zu deren Schaden: Ein Selbstvertrauen, das vor Gott und Menschen Ruhm haben möchte – das vergleichende Sich-Abheben von andern. Die heiden-christliche Arroganz schmerzte ihn. Sie stempelte Juden zu Menschen zweiter Klasse. Darum warnte er vor der Überheblichkeit, lange bevor die Leitung der Gemeinden mehr und mehr in die Hände von Heiden-Christen überging. Der Hochmut gipfelte schließlich in theologischen Überlegungen, warum Gott die Juden überhaupt noch leben ließ! Bald hatte man die Lösung: Gott lässt die Juden als Symbol des Gerichts für die weiter existieren, die es wagen würden, Jesus von Nazaret als Messias und Herrn abzulehnen.

Dieser Stolz erlebte einen ersten unrühmlichen Höhepunkt in den Kreuzzügen. *Warum*, so fragte man sich, *so viele Tausend Kilometer zurücklegen, wenn die Ungläubigen, die Gottlosen, mitten unter uns leben?! Auf, lasst uns die Juden zuerst umbringen!* Dafür gab es ein festes Fundament: Hatte die Kirche nicht ihre Triumphe gefeiert? War sie nicht das Reich Gottes? Die Ignorierung des Imperativs Jesu *Meint nicht!* führte zur Übertretung des Imperativs von Paulus *Rühme dich nicht!* Der Weg führt in einer geraden Linie vom Barnabasbrief über Johannes Chrysostomus zu Martin Luther und zu Kirchenführern vor dem Holocaust. Und immer noch sind wir nicht geheilt!

Die Kirche – das betrifft die großen Kirchen wie die Freikirchen – stempelte die Juden von der anfänglichen Bezeichnung *Gottes Volk* über den Begriff *das verworfene Volk* zum *Volk Satans, Agenten des Teufels, Menschen unter dem Fluch, dem Fluch des Gesetzes*. Ein zerstörendes Gift mit Hitlers Endlösung als vorläufigem Höhepunkt: 6 Millionen unschuldige Opfer, darunter 1,5 Millionen Kinder. Hinter Hitlers Freude über Europas Befreiung von den Juden steht der Hass der Kirche auf das erwählte Volk Gottes! Es geschieht nicht aus Bosheit, wenn manche den modernen pro-jüdischen Erklärungen der Kirche misstrauen. Sie ist Teil dieser Welt und, an neutestamentlichen Kriterien gemessen, nicht Reich Gottes. Als Institution ein typischer Machtapparat. Daran ändert auch die Tatsache, dass zur Kirche Millionen aufrichtiger, gläubiger Christen und Theologen gehören, die Israel lieben und auch wegen der furchtbaren Ereignisse der Vergangenheit Leid tragen, nichts.

Die Missachtung von *Meint nicht!* und *Rühme dich nicht!* hat einen theologischen Schnitt vollzogen und die Kirche dem Judentum völlig entfremdet. Wäre das nicht geschehen, dann wäre die Kirche verbunden geblieben mit Jesu Stammbaum und hätte die natürlichen Zweige nicht willkürlich abgehauen. So aber will man nichts gemein haben, weder mit Wurzeln oder Stamm noch Zweigen. Der Vers 22 ist deutlich. Gott kann auch uns, die Heiden, als *Gefäße des Zorns* wieder ausreißen, wenn wir überheblich sind. Nur wenn wir Heiden-Christen Jesus die Treue halten und ein herzliches Verhältnis zu seinem Volk haben, brauchen wir das Gericht nicht zu fürchten. Und darüber hinaus kann der ewige Gott auch ausgebrochene jüdische Zweige wieder einpflanzen.

Noch einmal: die natürlichen Olivenzweige sind Israel, die wilden Olivenzweige sind die Heiden. Gott hat Israel mit großer Geduld und Güte getragen, damit auch die Heiden eine Chance zur Erlösung haben. Nehmen die Heiden ihre Gelegenheit nicht wahr, können auch sie wieder aus dem Ölbaum herausgerissen werden.

Weltweit finden heute sowohl Christen der abendländischen Kirchen als auch Christen, die sich aus heidnischen Religionen bekehrt haben, zu ihrem Baum und zu seiner Wurzel. In vielen Ländern, vor allem der Dritten Welt, ist die große Liebe zu Israel bezeichnend. Viele Christen arbeiten inzwischen an einem neuen Verhältnis zu Israel als Volk Gottes, aber auch als Staat. Sie informieren sich über die Lehre und die Wurzeln. Ähnlich wie Ruth finden sie in Israel ein reiches *Bet-Lechem*, ein Brothaus mit guter Speise. Für sie gilt: *Das Böse darf nie wieder geschehen!* Doch dieser Wunsch kann nur durch entschlossene Umkehr von der falschen Lehre der Ersatztheologie Wirklichkeit werden.

> *Denn ich will nicht, Brüder, dass euch dieses Geheimnis unbekannt sei, damit ihr nicht euch selbst für klug haltet: Verstockung ist Israel zum Teil widerfahren, bis die Vollzahl der Nationen hineingekommen sein wird; und so wird ganz Israel errettet werden, wie geschrieben steht: „Es wird aus Zion der Erretter kommen, er wird die Gottlosigkeiten von Jakob abwenden; und dies ist für sie der Bund von mir, wenn ich ihre Sünden wegnehmen werde." Hinsichtlich des Evangeliums sind sie zwar Feinde um euretwillen, hinsichtlich der Auswahl aber Geliebte um der Väter willen. Denn die Gnadengaben und die Berufung Gottes sind unbereubar. Denn wie ihr einst Gott nicht gehorcht habt, jetzt aber Erbarmen gefunden habt infolge ihres Ungehorsams, so sind jetzt auch sie dem euch geschenkten Erbarmen gegenüber ungehorsam gewesen, damit auch sie jetzt Erbarmen finden. Denn Gott hat alle zusammen in den Ungehorsam eingeschlossen, damit er sich aller erbarmt.* (Römer 11,25-32)

Paulus, der in Epheser 3 von einem weiteren Geheimnis spricht, dass *die Nationen nämlich Miterben und Miteinverleibte und Mitteilhaber der Verheißung in Christus Jesus durch das Evangelium sein sollen, dessen Diener ich geworden bin,* enthüllt auch den Römern ein weiteres Geheimnis, damit sie sich nicht selbst überschätzen: *Verstockung* – andere Begriffe sind *Verhärtung, Mangel an Sensibilität, Abstumpfung, Gefühllosigkeit* – *ist bei einem Teil Israels eingetreten, und zwar bei denen, die der Botschaft von der Umkehr widerstanden und sich ihr gegenüber verhärteten*. Pharao verhärtete sein Herz. Daraufhin verhärtete Gott dessen Herz ebenfalls. Ebenso geschah es mit Israel. Von der Buße hatten schon die Propheten geredet. Sie sollte das hervorragende Merkmal bei der Ankunft des Messias sein. Die Apostelgeschichte weiß zwar von einem nicht unerheblichen Teil des Volkes Israel zu berichten, der die Botschaft annahm und mit Heiligem Geist erfüllt wurde, sie erzählt aber auch, dass der größere Teil sich verweigerte. Doch Paulus macht Hoffnung: Wenn Gott sein Ziel mit den Heidennationen erreicht hat, dann wird ganz Israel errettet werden. Wann das sein wird? Offensichtlich denkt Paulus an eine Zeit der Erlösung Israels vom Joch der Nationen. Israels Erlösung wird auch zur Erlösung der Welt. Die *Lösung der Judenfrage* ist ausdrücklich die Errettung Israels – nicht seine Vernichtung! Eine herrliche Zukunft.

Wenn wir Israels Errettung und damit die herrlichste Segenszeit auf Erden erleben wollen, müssen wir alles daransetzen, so viele Nicht-Juden wie möglich in der schnellstmöglichen Zeit zum Glauben an den lebendigen Gott zu führen, damit die Zahl der Heiden voll und Israel eifersüchtig wird, selbst in Treue seinem Gott zu dienen. Das haben wir bisher versäumt. Die Energie, die wir in einem Zustand der Verfinsterung *(die Decke über den Nationen)* für die Ausrottung der Juden verwendet haben, hätten wir besser für die Evangelisation der Welt eingesetzt. Wie konnten wir Gottes Willen nur so falsch interpretieren! Nur der HERR kann und wird Israels Sünde auslöschen, das war und ist nicht unsere Aufgabe. Er allein, der ewige Gott, der Gott Abrahams, Isaaks und Jakobs, ist Israels Hoffnung!

Jesus sagt: *Ihr Heuchler, ganz recht hat Jesaja von euch geweissagt, dieses Volk ehrt mich nur mit seinen Lippen, sie beten mich umsonst an und lehren nur Lehren von Menschen.* Das bezieht sich zuerst zwar auf Israel, kann sehr wohl aber auch auf das Christentum und seine Verirrungen übertragen werden. *Was ihr einem dieser geringsten meiner Brüder getan habt, das habt ihr mir getan!* gilt auch hier.

Paulus zitiert Jesaja. Ein interessanter Textzusammenhang, wie wir sehen werden:

> Jes 59,19–60,1: *Dann werden sie den Namen des HERRN fürchten vom Sonnenuntergang an und vom Sonnenaufgang seine Herrlichkeit. Denn er wird kommen wie ein drängender Strom, den der Hauch des HERRN vorwärts treibt. Und ein Erlöser wird kommen für Zion und für die, die in Jakob vom Treubruch umkehren, spricht der HERR. Ich aber – dies ist mein Bund mit ihnen, spricht der HERR: Mein Geist, der auf dir ruht, und meine Worte, die ich in deinen Mund gelegt habe, werden nicht aus deinem Mund weichen noch aus*

> *dem Mund deiner Nachkommen, noch aus dem Mund der Nachkommen deiner Nachkommen, spricht der HERR, von nun an bis in Ewigkeit.*

Drei Wörter sind hier wichtig: *Bund*, *JHWH* und *Erlöser*. Sein Bund währt ewig und wird nie gebrochen werden. Das sagt JHWH, der Bundesgott, der mit Israel seinen Bund geschlossen hat und ihn nie brechen wird. Und JHWH sendet den *Erlöser*, den *goël*, wie er in der Sprache der Bibel heißt, den Löser und Erlöser, den *Erkaufer*, der mit seiner Erscheinung die *geula schlemá* einleitet, die finale, *vollkommene Erlösung*. Ein großartiger, herrlicher Tag, für dessen Beschreibung es keine Worte gibt. Wir spüren in den Worten von Paulus diese besondere Spannung und Freude – wäre sie nur übergesprungen bei allen, die sie gelesen haben.

Möglicherweise werden wir noch Zeugen großer Dinge werden. Gott hat seinen eigenen Zeitplan, nach dem er souverän handelt. Dennoch dürfen wir mitwirken. Dann werden wir erleben, dass das Wort wahr ist: *den Juden zuerst und dann den Heiden!* Wir werden erleben, wie eine unzählbare Schar sich gemeinsam mit dem Messias vor dem Thron des lebendigen Gottes versammeln und das Lied Moses und des Lammes singen wird:

> *Groß und wunderbar sind deine Werke, Herr, allmächtiger Gott! Gerecht und wahr sind deine Wege, du König der Heiligen! Wer soll dich nicht fürchten, o Herr, und deinen Namen verherrlichen? Denn du allein bist heilig. Alle Völker werden sich vor dir versammeln und vor dir anbeten, denn dein Gericht, deine Urteile sind offenbar geworden.* (Offb 15,3-4)
>
> *O Tiefe des Reichtums, sowohl der Weisheit als auch der Erkenntnis Gottes! Wie unerforschlich sind seine Gerichte und unaufspürbar seine Wege! Denn wer hat des Herrn Sinn erkannt, oder wer ist sein Mitberater gewesen? Oder wer hat ihm vorher gegeben, und es wird ihm vergolten werden? Denn aus ihm und durch ihn und zu ihm hin sind alle Dinge! Ihm sei die Herrlichkeit in Ewigkeit! Amen.* (Römer 11,33-36)

Die ganze Thematik um Israel gibt uns einen Einblick in die unerforschlichen Wege Gottes, die er mit uns Menschen hat. Dabei haben wir ihn nicht zu tadeln und nicht zu hinterfragen. Nein, er ist kein Despot, der keine Widerrede duldet. Aber zu seiner Zeit werden seine Wege ohnehin offenbar werden. Dann wird man sie verstehen. Israel ist und bleibt Gottes Augapfel – und sein Geheimnis. Wie auch die Gemeinde und die Tatsache, dass der trennende Graben zwischen Juden und Nichtjuden, die an Jesus glauben, zugeschüttet ist. Es gibt gebahnte Wege. Wollen wir sie gehen!

Schlussbemerkungen

Dass Israel Jesus von Nazaret nicht als seinen Messias erkannt und angenommen hat, ist eine Folge seines Ungehorsams dem göttlichen Auftrag gegenüber. Dennoch ist auch diese Tatsache Teil eines größeren göttlichen Planes, den wir als Christen aus den Heiden letztlich kaum begriffen haben. Wir Heiden haben durch Israels Ungehorsam profitiert. Dafür sollten wir dankbar sein. Auch wir haben unsere Begrenzungen – ebenso wie Israel. Das ist ein Grund, uns gegenseitig nichts vorzuwerfen. Wir stammen aufgrund des Glaubens und der Tatsache, dass wir beide die Heilige Schrift, die Bibel, haben, aus demselben Haus Abrahams – die einen leiblich, die andern geistlich – und sind zur Liebe verpflichtet. Das schließt eine Reihe praktischer Dinge ein.

- Wie verstehen wir Gott?
- Wie verstehen wir Jesus von Nazaret?
- Wie verstehen wir die Schrift?
- Wie verstehen wir Gemeinde?

Das *Sch'ma Israel* (*Höre Israel, der Herr, unser Gott, ist der einzige Gott!*) ist der Eckpunkt. Es gibt nur einen einzigen Gott. Das ist der Gott Israels! Er ist kein kosmischer, unpersönlicher oder ferner Gott – ein Gott Buddhas, Allahs oder des New Age. Der Gott Israels hat sich seinem Volk und ungezählten Menschen offenbar gemacht. Er hat zu ihnen geredet und sie dazu aufgefordert, durch die Gemeinschaft mit ihm ein heiliges Leben zu führen. Schade, dass der Name *JHWH* schon lange vor der Zeit Jesu nicht mehr ausgesprochen wurde. Möglicherweise hätte sein Name eine deutlichere Unterscheidung bewirkt und Irrtümer ausgeschlossen. Aber er hat gesagt: ICH BIN, DER ICH BIN; ICH WERDE SEIN, DER ICH SEIN WERDE. Er lässt sich nicht auf einen mysteriösen Namen reduzieren, den man mit geheimnisvollen Formeln beherrschen und sich untertan machen kann, dem man gebieten kann (und ebenso wenig darf der Name Jesus als magische Formel missbraucht werden, wie es vielfach geschieht)! Das wäre wie bei den Heidengöttern. Auf keinen Fall! Er will uns mit diesem Namen sagen: Ich bin überall, ich bin an allen Orten, und ich bin immer, gestern, heute, morgen, in Ewigkeit. Unveränderlich derselbe. Und man erkennt mich an meinem Handeln! Dieser einzige Gott wird sich eines Tages als König aller Völker zeigen. Das Sch'ma ist kein Credo, kein Glaubensbekenntnis, kein bloßes Lippenbekenntnis, abstrakt: es ist ein Aufruf, ein Anruf: Er allein ist Gott! Das hat Folgen. Denn es ist ein Ruf zum Dienst. Gott rettet, um wiederherzustellen. Darum sagte er am Sinai: *Ich habe euch zu mir gebracht!* Er wollte Israel in seiner Nähe haben. Israel sollte ihn kennen. Welchem Gott dienen wir?

Gott ist in Jesus von Nazaret erschienen. Und Jesus von Nazaret ist kein abstrakter universeller Christus. Er wird Fleisch – wird ein jüdischer Mann, hat eine jüdische Mutter, er forscht in den jüdischen Schriften. Jesus, der Mensch, ist mit seinem Leben für uns genauso bedeutend wie Jesus, der Sohn des Menschen, der am Kreuz stirbt und uns durch seine Erlösung in den Zustand von Söhnen Gottes versetzt. Das Leben von Jesus wird als Voraussetzung für unsere Erlösung oft unterschlagen und unterschätzt. Haben wir uns schon einmal überlegt, warum das Glaubensbekenntnis der Kirche nichts über Jesu Leben sagt? Zwischen Geburt (*geboren von der Jungfrau Maria*) und seinem Leiden (*gelitten unter Pontius Pilatus*) steht nur ein Komma. Nichts über sein Leben! Hier hat man vor Jahrhunderten die Akzente verschoben! Es gibt nur einen Mittler zwischen Gott und Menschen – es ist der Mensch Jesus von Nazaret. Während seines Lebens ist er unermüdlich unterwegs, um den Weg der Erlösung auch durch seine Jünger vorzubereiten – anstatt nur zu warten und zu warten, bis er endlich sterben darf!

Auf dem Verklärungsberg erscheinen ihm Mose und Elia! Die Vertreter der Lehre, der Tora, und der Propheten – ein deutliches Zeichen für Kontinuität! Etwa 50 Mal bezieht sich das NT auf *die Schrift*. Jedes Mal geht es um die Tora und Propheten und Schriften. Diese Schriften, durch den Geist eingegeben, lehren über den Messias. Sie sind die Bibel, die Jesus las. Und die der Apostel. Nein, es geht nicht um eine neue Religion, sondern um den Ruf zu einem Volk des Bundes! Eines neuen Volkes, des Volkes Gottes. Es geht um die Beziehung eines erlösten Volkes mit dem einzigen Gott! Das kann nur durch den Geist Gottes geschehen, und dieser Geist bringt Leben.

Wir lesen vom Volk Gottes auch als von der *Versammlung der Gläubigen*, die nur einen Gott und einen Herrn kennen. *Ihr werdet meine Zeugen sein!* Dieses Volk Gottes ist mehr als nur eine Versammlung oder eine Gemeinde, sie muss einen Zweck auf dieser Erde erfüllen! Sie ist Zeugnis für die Existenz des einen ewigen Gottes. Darum können alle nur einig sein – Juden und Heiden. Deutlich sagt Paulus in Römer 15,6: *... damit ihr einmütig mit einem Munde den Gott und Vater unseres Herrn Jesus Christus verherrlicht*. Die Gemeinde ist *sein Leib, die Fülle dessen, der alles in allen erfüllt*. Darum geht ein wahrer Christ nicht zur Kirche oder zur Gemeinde, sondern er versammelt sich mit seinen Brüdern und Schwestern als Gemeinde, als Versammlung, in echter *koinonía*, in echter Gemeinschaft, in der alle Priester sind. Versammelt im Heiligen Geist. In der Gesinnung Jesu. Nach seinem Bild. In seinem Schalom!

So wie der Messias ein *Diener der Beschneidung* geworden ist (Rö 15,8), sollen auch wir nichtjüdischen Christen Diener der Beschneidung sein. Aus lauter Liebe zu Israel. Damit wir es aus dieser lauteren Liebe heraus zur Eifersucht reizen, es lieben, demütig und vergebend sind – wie Jesus. Da bleibt Theologie eher außen vor. Gemeinden mit reiner Lehre offenbaren oft die reine Leere im Hinblick auf ihre Beziehungen. Nein, es geht um reine Liebe, die durch den Heiligen Geist gewirkt wird. Um Beziehungen! Wenn die Menschen – Juden und Heiden – das sehen, können sie sagen: Das ist ein heiliger Ort, das ist ein heiliges Volk!

Noch einige Worte zu einer Frage, die sich in diesem Zusammenhang aufdrängt: Kann es sein, dass Gott die Synagoge, die Versammlung, deswegen schon Jahrhunderte vor der zweiten Zerstörung des Tempels mit ihren neuen, stärker demokratischen Strukturen, mit ihrer Betonung von Lehre und den vornehmlich nicht mehr aus Priester- und Levitentum stammenden Lehrern entstehen ließ, um Israel nicht wieder, wie bei der ersten Zerstörung des Tempels, in eine tiefe geistliche Leere hineinfallen zu lassen? Und wir sollten nicht vergessen: Die Synagoge der Juden ist das Vorbild für die Versammlung, die Gemeinde der Christen.

Schließlich werden wir Christen auch unser Vokabular ändern müssen. Das Wort *Jude* darf nicht länger ein Synonym für Legalismus, Geschäftemacherei, Doppelbödigkeit, Habsucht, Ausnutzen anderer Leute sein. Wir müssen an einer sprachlichen Entschlackung und Reinigung arbeiten. Offenbar harmlose Worte können sich als verheerendes Gift für unser Verhältnis erweisen. Weniger theologischer Scharfsinn als Rhetorik hat, wie wir gesehen haben, in der langen Geschichte des Judenhasses eine große Rolle gespielt. Unsere Sprachgewohnheiten sind noch immer nicht völlig vom fatalen Erbe des Antisemitismus gereinigt. Viele Ausdrücke schaden und sind verlogen. Um von der Krankheit des Antisemitismus gereinigt zu werden, muss man eine völlige Gesundung von Herz und Sinn erfahren. Und das betrifft nicht zuletzt auch die Sprache.

Verallgemeinerungen sind schädlich, selbst harmlos erscheinende Sätze wie: *Das ist typisch jüdisch*; oder selbst: *Ich liebe die Juden*. Warum? Weil wir damit bewusst oder unbewusst abgrenzen. Wenn wir den Antisemitismus verurteilen, dann müssen wir auch ein völlig natürliches und unverkrampftes Verhältnis zu Israel sowie zu den Juden in der Diaspora entfalten. Das schließt selbstverständlich Kritik an ihnen nicht aus. Warum nicht? Kritik ist völlig natürlich. Man merkt jedoch sehr wohl, ob Kritik aus einem wohlwollenden, liebenden Herzen stammt oder ob sie ungerecht, boshaft und sogar gehässig ist. Und im Übrigen: Wozu eigentlich diese beständige Betonung, dass man auch Kritik anbringen muss?

Christen müssen sich darüber hinaus ganz entschieden ein für alle Mal von dem schlimmen historischen, theologischen und juristischen Urteil trennen, das die Juden zu Gottesmördern erklärt. Jeder Einzelne.

Juden andererseits müssen es lernen, in Christen, die mit ihnen über den Glauben reden wollen, nicht sogleich Missionare zu sehen, die sie aus antisemitischen Motiven heraus bekehren wollen. Hier sei an Lavaters Bekehrungsversuche gegenüber Moses Mendelsohn erinnert. Ein ziemlich klägliches Unterfangen. Das Misstrauen auf jüdischer Seite sitzt tief, und das ist verständlich. Aber dieses Misstrauen muss auch von Juden selbst abgebaut werden. Damit das möglich ist, haben wir als Christen eine Menge Anstrengungen zu unternehmen, eben *ihre Eifersucht* zu erregen. Wir brauchen in unseren Herzen Toleranz für die Juden und umgekehrt. Auch für die Juden, die sich Jesus zugewandt haben. Auch die Juden, die an Jeschua als ihren Messias glauben, müssen voll akzeptiert werden, sonst hört die Spirale von Missverstehen und Bevormundung nie auf. Es macht nachdenklich, dass nach den Aussagen kompetenter Leute in Israel mehr Juden durch Heidenchristen als durch messianische Juden an Jesus gläubig geworden sind. Das mag zum einen daran liegen, dass man den messianischen Juden mit einem starken natürlichen Misstrauen begegnet, sie als Verräter sieht, aber auch daran, dass sie oft nicht genügend Hintergrundwissen über die Religion ihres Volkes besitzen, um fachkundig auf kritische Fragen einzugehen. Es gibt da noch viel zu tun und aufzuarbeiten.

Wir brauchen den Dialog. Juden sollen informiert werden und das Neue Testament lesen. Der große Rabbi Nathan hat gesagt: *Der ist stark, der seinen Feind zum Freund macht.* Wenn wir miteinander reden, darf es keine Vorverurteilungen geben. Keine extremen, scharfen Formulierungen. Christen müssen einfach vergessen, dass sie mit Juden reden und umgekehrt. Das Risiko bleibt, dass beide nur ihre Standpunkte vertreten und dann auseinander gehen. Beide Seiten aber müssen das Risiko eingehen, einander zu verstehen und den Standpunkt des andern zu betrachten. Wir müssen beide bereit sein zu lernen, nicht zu lehren. Es geht nicht um

Kompromisse, sondern ums Verstehen. Wenn Toleranz als geistige Stärke begriffen wird, nicht als schwaches Schweigen, dann ist Toleranz absolut notwendig. Einen offenen Sinn für den andern. Helfen wird uns dabei das von Juden und Christen gleichermaßen anerkannte vertikale Erlebnis: Die Inspiration und Hilfe des Heiligen Geistes. Wenn wir in diesem Sinn aufeinander zugehen, kann viel bewirkt werden. Das kann für Christen wirklich das Ende ihres antisemitischen Denkens bedeuten. Der Christ sieht den Juden nicht mehr als Juden, sondern als geistig Verwandten und umgekehrt. Juden werden mit Sicherheit entdecken, dass Jesus von Nazaret kein Christ, kein Katholik, kein Protestant, Baptist oder sonstiger Evangelikaler war, sondern ein jüdischer Lehrer und Meister, der in der typischen Art und Weise, wie es damals üblich war, über Land zog, Jünger berief und sie lehrte. Und das so genial, dass Tausende ihm folgten. Reizen wir doch einfach Israel zu einer gesunden Eifersucht durch Werke, wie nicht nur Jesus und die Apostel sie lehrten, sondern auch die Weisen Israels! Beweisen wir uns doch als echte Söhne Abrahams! Dann wird beiden die Decke von Augen und Herzen fallen, Juden und Heiden.

Literaturverzeichnis

Bibliothek der Kirchenväter, *Die Apostolischen Väter*, aus dem Griechischen übersetzt von Dr. Franz Zeller, Oberpräzeptor in Riedlingen (Wttb.), Verlag der Jos. Köselschen Buchhandlung, Kempten & München, 1918.

Bivin, David, and Blizzard, Jr. Roy, *Understanding the Difficult Words of Jesus, New Insights From a Hebraic Perspective*, Revised Edition, Destiny Image Publishers, Shippensburg, PA, Center for Judaic-Christian Studies, Dayton, Ohio, 1994.

Cohen, Abraham, *Everyman's Talmud, The Major Teaching of the Rabbinic Sages*, Schocken Books, Inc., New York, 1995.

Dubnow, Simon, *Weltgeschichte des jüdischen Volkes*, Jüdischer Verlag Berlin, 1930.

Flusser, David, *Jesus*, in collaboration with R. Steven Notley, The Magness Press, The Hebrew University, Jerusalem, 1998.

Flusser, David, *The Spiritual History of the Dead Sea Sect*, MOD Books, Tel Aviv, 1989.

Flusser, David, und Safrai, Shmuel, *Das Aposteldekret und die Noachitischen Gebote*, in E. Brocke and H.-J. Borkenings eds., *Wer Tora mehrt, mehrt Leben*: Festgabe für Heinz Kremers (Neukirchen-Vluyn, 1986), S. 176–192.

Heschel, Abraham J., *Israel, Echo der Ewigkeit*, Neukirchener Verlag, 1988.

Hirsch, Samson Raphael, *Der Pentateuch, Erster Teil: Die Genesis*, Sinai Publishing, Tel Aviv, 1984.

John Chrysostom, *Discourses against Judaizing Christians*, translated by Paul W. Harkins. *The Fathers of the Church*; Washington: Catholic University of America Press, 1979.

Lindsey, Robert Lisle, *Jesus, Rabbi & Lord, The Hebrew Story of Jesus Behind our Gospels*, Cornerstone Publishing, Oak Creek, Wisconsin, 1st edition, 1990.

Safrai, Shmuel and M. Stern, in Cooperation with D. Flusser and W. C. van Unnik, *The Jewish People in the First Century, Historical Geography, Political History, Social, Cultural and Religious Life and Institutions*, Volume I and II, Van Gorcum, Assen, Fortress Press, Philadelphia, 2nd printing, 1974.

Shulam, Joseph, with Lecornu, Hillary, *A Commentary on the Jewish Roots of Romans*, Messianic Jewish Publishers, Baltimore, Maryland, 1997.

Wilken, Robert Louis, *John Chrysostom and the Jews: rhetoric and reality in the late fourth century* Berkeley : University of California Press, 1983.

Wilson, Marvin R., *Our Father Abraham, Jewish Roots of the Christian Faith*, William B. Eerdmans Publishing Company, Grand Rapids, Michigan, 1996.

Young, Brad H., *Jesus, the Jewish Theologian*, Hendrickson Publishers, Inc., Peabody, Massachusetts, 1995.

Young, Brad H., *Paul, the Jewish Theologian: A Pharisee among Christians, Jews, and Gentiles*, Hendrickson Publishers, Inc., Peabody, Massachusetts, 1997.